Sakyong Mipham

Running Buddha

arkana

SAKYONG MIPHAM

Running Buddha

Laufend zu sich selbst finden

Aus dem Amerikanischen
von Susanne Kahn-Ackermann

arkana

Die amerikanische Originalausgabe erschien 2012 unter dem Titel „Running with the Mind of Meditation. Lessons for Training Body and Mind“ bei Harmony Books, einem Imprint der Crown Publishing Group, Random House Inc., New York.

MIX
Papier aus verantwortungsvollen Quellen
FSC® C005833
FSC
www.fsc.org

Verlagsgruppe Random House FSC-DEU-0100
Das FSC-zertifizierte Papier *Munken Premium Cream* für dieses Buch liefert Arctic Paper Munkedals AB, Schweden.

1. Auflage
Deutsche Erstausgabe

Lektorat: Ralf Lay, Heike Sauer
Satz: Ortrud Müller – Die Buchmacher, Köln
Umschlaggestaltung: Uno Werbeagentur, München
Umschlagmotiv: FinePic®
Druck und Bindung: Těšínská tiskárna, a.s., Ceský Těšín
Printed in the Czech Republic
978-3-442-34124-5

www.arkana-verlag.de

Für das Wohlergehen
meiner Frau Khandro Tseyang
und meiner Tochter Jetsun Drukmo

Inhalt

Siegreicher Vairocana,

mögen uns deine flinken Füße

zur Erleuchtung führen.

Vorwort

Mein ganzes Leben lang habe ich Sport getrieben. Als spiritueller Führer und tibetischer Lama wurde ich im Reiten, Bogenschießen, heiligen Tanz und in den Kampfkünsten ausgebildet. Stets hatte ich die Gewissheit, dass irgendeine Art von körperlicher Aktivität für unser Wohlbefinden unerlässlich ist, weil es uns Selbstvertrauen und Begeisterungsfähigkeit schenkt.

Mit dem Laufen habe ich erst später im Leben ernsthaft begonnen. Es bereitete mir echte Freude und bot mir die Gelegenheit, mich im Freien aufzuhalten und neuen Menschen zu begegnen. Zudem trug es zu meiner Gesundheit und meinem Wohlbefinden bei, und es gestattete mir schließlich, der Welt etwas zurückzugeben.

Meditation praktiziere ich ebenfalls schon mein ganzes Leben lang, es ist Bestandteil meines kulturellen und spirituellen Erbes. Im Laufe der Jahre bin ich viele Male gebeten worden, Gedanken über die Beziehung zwischen Geist und Körper niederzuschreiben. Schließlich erging die Bitte an mich, ein Buch zum Thema »Laufen und Meditation« zu verfassen. Damals hatte ich allerdings das Gefühl, ich bräuchte erst noch mehr

Erfahrung als Läufer. Also nahm ich an einigen Marathons teil, wodurch ich viele Einblicke in den Trainingsprozess gewann.

Für mich besteht eine ganz natürliche Beziehung zwischen der Meditation und dem Laufen, denn das eine bedeutet Training des Geistes und das andere Training des Körpers. Doch wird man mich kaum als einen Laufexperten bezeichnen können. Daher ist dieses Buch auch kein Trainingshandbuch, sondern ein Leitfaden zur Einbindung bestimmter Meditationselemente in die Aktivität des Laufens. Ich biete hier eine grundlegende Anweisung zur Meditation und erkläre die fundamentalen Prinzipien, die ich fürs Laufen hilfreich finde. Auch gebe ich Kernunterweisungen und spreche einige Themen an, die für das Laufen mit meditativem Geist hilfreich sein sollen. Obschon beide Aktivitäten recht komplex sein können, habe ich mich bemüht, die Thematik gut nachvollziehbar zu beschreiben, und zeige auf, wo sich die beiden überschneiden.

Meditation ist ein wesentlicher und integraler Bestandteil meines Lebens, und die Prinzipien der Meditation mit dem Laufen zu verbinden war eine wunderbare Erfahrung. Ich hoffe, dass Sie beides ebenso genießen werden wie ich.

Meditieren Sie mit Wonne, und laufen Sie mit Freude. Ich sehe Sie dann auf dem Sitzkissen oder den Laufpfaden!

Teil I

Mit meditativem Geist laufen

1.
Meditieren und Laufen

Wir waren früh aufgestanden, um uns aus dem Kloster zu stehlen und noch vor Beginn der Zeremonien zu unserem morgendlichen Lauf zu kommen. Wir fuhren zu einem nahe gelegenen Stausee, stiegen aus und begannen mit unseren Dehn- und Streckübungen. Es war erst halb vier Uhr morgens, und der indische Frühnebel und die Kühle der Nacht hingen noch in der Luft. Alle waren ein wenig nervös und aufgeregt, weil wir eine neue Strecke laufen wollten.

Wir schlitterten eine Böschung hinab, fanden die Stelle, wo der Pfad seinen Anfang nahm, und begannen zu laufen. Meist war es ein langsames Joggen – zur einen Seite hin befand sich der Stausee, zur anderen offenes Grasland, an das sich ein Teakbaumwald anschloss. Obwohl keiner von uns zuvor viel geschlafen hatte, fühlten wir uns hellwach.

Während wir durch das grasbewachsene Gelände liefen, fragte mich mein Assistent Josh Silberstein: »Rinpoche, gibt es irgendetwas, worauf wir achten sollten?« – »Ja: Kobras, Leoparden, wilde Elefanten und, oh, gelegentlich taucht ein Rudel wilder Hunde auf«, so lautete meine umgehende Antwort. Josh lachte. »Nein, im Ernst, worauf sollten wir achten?« Dann sah er mein Gesicht und sagte: »Oh, du machst gar keine Witze.« – »Nicht darüber«, erwiderte ich. Und das veränderte für Josh augenblicklich die Natur seines Laufs.

Wir liefen durch meterbreite Senken und große Schmutzhaufen, die, wie wir bald merkten, die Spuren und Dunghaufen von Elefanten waren. Wir überquerten offene Weiten, die mich an die afrikanische Savanne erinnerten. Der Pfad führte in einen üppigen, dichtbestandenen Wald, Überreste der gewaltigen Teakwälder, die einst den Großteil des Subkontinents bedeckten. Gelegentlich sahen wir auch jemanden mit einem Korb auf dem Kopf dahinwandern.

Die frische Luft belebte unseren Körper, und die rhythmische Bewegung unserer Füße sorgte dafür, dass wir locker und entspannt waren. Wir blieben wachsam und waren uns unserer Umgebung ständig bewusst, was uns dabei half, im Augenblick präsent zu bleiben. Und obwohl wir nicht viele Worte verloren, war da zwischen uns die Kameradschaft einer ungesprochenen Sprache, ein tiefes Gefühl der Dankbarkeit dafür, dass wir lebten und gesund waren. Wir schätzten uns glücklich, dass wir laufen konnten. Das hier war kein gewöhnlicher Lauf: Wir trainierten für den Boston-Marathon, der zwei Monate später stattfinden sollte. Glücklicherweise begegneten uns nicht allzu viele wilde Tiere, während wir uns uns am indischen Dschungel erfreuten.

Als die Sonne aufging, kehrten wir ins Namdroling-Kloster zurück. An diesem in Südindien gelegenen Ort habe ich viel

Zeit mit der Meditation und dem Studium buddhistischer Philosophie verbracht. Mein aktueller Aufenthalt galt dem Besuch meines spirituellen Lehrers S. H. Penor Rinpoche, um von ihm Belehrungen und Ermächtigungen zu erhalten. »Rinpoche«, ein tibetischer Ehrentitel für hohe Lamas, bedeutet »kostbarer Juwel«. In der tibetisch-buddhistischen Tradition muss man die Autorisierung und Übertragung durch einen Lehrer erhalten, bevor man sich auf einen spirituellen Pfad einlässt oder mit der Meditation beginnt. Das hält die spirituelle Linie rein. In diesem Fall erhielt ich Übertragungen der Mipham-Linie. Ich gelte als Wiedergeburt von Mipham dem Großen (1846–1912), einem der meistverehrten Lehrer, die Tibet hervorgebracht hat.

Ich habe immer wieder festgestellt, dass zwischen dem Laufen und dem Meditieren eine natürliche Beziehung besteht. Das Laufen kann Unterstützung für die Meditation sein, und Meditation kann das Laufen unterstützen. Das Laufen ist eine natürliche Form körperlicher Betätigung, da es ganz einfach eine Erweiterung des Gehens ist. Wenn wir laufen, stärken wir unser Herz, wir entlassen verbrauchte Atemluft aus dem Körper, beleben unser Nervensystem und erhöhen unsere aerobe Kapazität. Es verhilft uns zu einer positiven Einstellung. Es verlangt körperliche Anstrengung wie auch Ausdauer und gibt uns eine hilfreiche Methode zum Umgang mit Schmerz an die Hand. Es hilft uns, uns zu entspannen. Und vielen verschafft es das Gefühl von Freiheit. Meditation ist ein natürliches Üben des Geistes – sie bietet uns die Gelegenheit, uns zu stärken, zu kräftigen und zu reinigen. Durch die Meditation können wir uns mit jener lang vergessenen Gutheit verbinden, über die wir alle verfügen. Diese Gutheit in sich zu fühlen hat etwas sehr Kraftvolles: Wir empfinden im Innersten Selbstvertrauen und Mut.

Wie beim Laufen lassen wir auch bei der Meditation unsere alltäglichen Sorgen und Belange hinter uns – das Tagträumen, den Stress und das Planen. Wir werden sehr präsent. Wir treten ins Jetzt ein. Und dabei baut unser Geist Stärke auf. Unser Nervensystem entspannt sich allmählich. Wir entwickeln Wertschätzung und Gewahrsein. Unsere Intelligenz wird schärfer, und unser Gedächtnisvermögen nimmt zu. Wir sind imstande, die Welt aus mehreren Perspektiven zu sehen. Wir sitzen nicht länger im Käfig unseres emotionalen Auf und Ab. Liebe, Mitgefühl und andere positive Qualitäten werden uns leichter zugänglich. Wie beim Laufen fühlen wir uns am Ende der Meditation erfrischt, und das aus fast demselben Grund: Meditation ist eine natürliche, gesunde Aktivität.

Manchmal sagen die Leute: »Meine Meditation ist das Laufen.« Ich weiß zwar, was sie damit meinen, in Wahrheit aber ist Laufen Laufen, und Meditation ist Meditation. Deshalb wird beides auch verschieden benannt. Nicht minder unpräzise wäre es, wenn wir sagten: »Die Meditation ist meine Körperübung.« Ich habe einige fortgeschrittene Meditierende kennengelernt, die ihren meditativen Geist – diese Stärke und Entspannung – in ihren Körper mit seinen Kanälen, seinem Nervensystem und seinen Muskeln bringen können. Sie werden stark, widerstandsfähig, und sie strahlen. Wir haben sogar eine bestimmte

Art der Meditation in Tibet, »Hitzemeditation« genannt, bei der die Yogis mit ihrer Geisteskraft die Körpertemperatur kontrollieren und monatelang bei Temperaturen unter null Grad nur mit einem Baumwolltuch bekleidet meditieren können. Es ist jedoch unwahrscheinlich, dass sie einen Marathon unter drei Stunden laufen könnten.

Ebenso unwahrscheinlich ist es, dass wir durchs Laufen zur Erleuchtung gelangen, obwohl so manche es versucht haben. Es geht nicht um die Entscheidung, was besser ist: den Geist oder den Körper zu üben und zu schulen. Vielmehr gehen diese Aktivitäten Hand in Hand. Wir müssen beides tun, den Körper und den Geist üben und schulen. Der Körper ist seiner Natur nach Form und Substanz. Der Geist ist seiner Natur nach Bewusstsein. Weil Körper und Geist ihrer Natur nach unterschiedlich sind, ist das, was ihnen nutzt, ebenfalls seiner Natur nach unterschiedlich. Der Körper profitiert von Bewegung, der Geist von Ruhe und dem Stillsein. Wenn wir Geist und Körper das geben, was ihnen von Nutzen ist, entsteht eine natürliche Harmonie und Balance. Diese geeinte Herangehensweise macht uns glücklich, gesund und weise.

Schon in alter Zeit wusste man, dass die Menschen glücklicher sind, wenn der Geist flexibel und der Körper stark ist. Heutzutage haben wir es mit Bedingungen zu tun, die diese geistige und körperliche Balance angreifen. Wir schlafen jetzt weniger und sind daher oft müde. Wir sitzen sehr viel, fahren in Autos oder Bussen, um auf der Körperhaltung abträglichen Stühlen zu sitzen, die dann Rücken- und Kreislaufprobleme verursachen. Die Luftqualität in unserem Umfeld kann so schlecht sein, dass wir noch angespannter und müder werden.

Oft sind wir schon in dem Moment gestresst, wenn wir des Morgens aufwachen. Der Wecker klingelt – der kaum je ein Ersatz für die Sanftheit eines Sonnenaufgangs sein kann. E-mailen, Texte verfassen, am Computer arbeiten und fernsehen können zur Erschöpfung führen. Die meisten Menschen unterhalten sich nur selten ausführlich oder führen ihre Gespräche zu Ende, weil wir keine Zeit haben. Selbst unsere Nahrungsmittel werden ständig manipuliert und immer unnatürlicher.

Sowohl körperlich wie auch geistig laden wir uns mit alldem eine große Bürde auf. Um damit umgehen zu können, müssen wir uns um unser Wohlergehen kümmern. Da Körper und Geist aufs Innigste miteinander verbunden sind, kann sich die Entlastung des Körpers vom Stress durch sportliche Betätigung unmittelbar auf den Geist auswirken: Der Geist befasst sich nicht mehr mit dem Unbehagen des Körpers. Ist der Körper entspannt und elastisch, bedeutet das eine Angelegenheit weniger, mit der sich der Geist befassen muss. Der körperliche Akt des Laufens sorgt also allein schon dadurch für eine gewisse geistige Entspannung, und das umso mehr, je länger die Laufstrecke ist.

Als ich meinen ersten Workshop zum Thema »Meditation und Laufen« gab, war ich von der Zahl der Ultramarathonläufer beeindruckt, die daran teilnahmen. Während ich über deren Erfahrung nachdachte, erschien es mir plausibel: Wenn du eine Weile läufst, was findest du in deinem Inneren außer deinem Geist? Mit diesem Geist arbeitest du, indem du regelmäßig meditierst.

Das Laufen wirkt an der Peripherie von Gedanken, Belastungen und Sorgen oder auf einer oberflächlichen Gedankenebene. Die Meditation befasst sich nicht nur mit der Peripherie, sie dringt vielmehr vor bis zum Kern. Wir können uns den Pfad der Meditation auf einfache und unmittelbare Weise zunutze machen. Er hilft uns, wenn wir uns von einem anstrengenden Tag erholen möchten oder unseren Geist vor wichtigen Entscheidungen klar haben wollen. Oder er kann unser Verständnis von der Natur der Wirklichkeit erweitern und steigern, und zwar bis hin zur Erleuchtung.

2.
Eine Basis schaffen

Misty Cech ist einer der wichtigsten Menschen in meinem Leben als Läufer, eine versierte Sportlerin und wohlbekannte Erscheinung in der Läufergemeinde von Boulder, Colorado. Meine erste Begegnung mit ihr fand Anfang des Jahres 2003 statt, als ich mich in Boulder aufhielt, um mein Buch *Wie der weite Raum* vorzustellen. Misty war mir als Trainerin sehr empfohlen worden, und deshalb hatte ich den Kontakt mit ihr aufgenommen.

Bei unserem ersten Treffen sagte sie: »Es ist so ein schöner Tag, warum versuchen wir's nicht mal mit einem Lauf im Freien?« Zu jener Zeit war ich es gewohnt, sporadisch kurz auf dem Laufband zu laufen. Da Boulder über fünfzehnhundert Meter hoch liegt, ist es nicht der geeignetste Ort, um mit dem Laufen zu beginnen. Wir liefen um den Stausee herum. Misty lief leichtfüßig wie ein Reh, während ich versuchte, einfach nur mitzukommen und nicht schlappzumachen. Ich fühlte mich mehr wie ein junger Welpe, der bemüht ist, mit seiner Mutter Schritt zu halten. Misty redete in einem fort und sagte, sie fühle sich geehrt, mit mir zu laufen. Ich hingegen fragte mich die ganze Zeit, ob ich die Runde überhaupt durchstehen würde.

Dann merkte ich, dass Misty mich etwas fragen wollte. Und als wir uns gerade anschickten, einen großen Hügel hinaufzulaufen, sagte sie: »Rinpoche, ich habe nur eine Frage. Worin besteht der Unterschied zwischen Buddha und Jesus?« – »Meinst du, wir könnten erst einmal diesen Hügel hochkommen?«, fragte ich zurück. Das war der Anfang einer wunderbaren Beziehung.

Nachdem ich dann eine Weile gelaufen war, sagte Misty, ich müsse daran denken, »meine Basis aufzubauen«. Jon Pratt, ebenfalls ein Läufer, hatte schon das Gleiche angedeutet. Dieses Mantra verwirrte mich nun ein wenig. Ich wusste nur, dass es, was immer es auch bedeuten mochte, mit einer Menge Laufen verbunden sein würde.

Nachdem ich mir dann über einige Monate hinweg meine Basis aufgebaut hatte, verstand ich allmählich, wovon Jon und Misty sprachen. Wie sich herausstellte, ging es bei dieser »Basis« schlichtweg darum, genügend viel zu laufen, ohne es zu übertreiben, um so Knochen, Muskeln und Sehnen zu stärken. Dadurch erfuhr meine grundlegende Physiologie allmählich eine Kräftigung, und es wurde mir möglich, mit dem Laufen richtig umzugehen. Es ähnelt sehr den ersten Stufen der Meditation, bei denen wir uns auf den Aufbau von Kraft und Stärke konzentrieren.

Neugierig darauf, mehr über den Aufbauprozess der Basis zu erfahren, sprach ich mit meinem Osteopathen Peter Goodman darüber, der erstaunliche Kenntnisse über alles hat, was den Körper betrifft. Er ist auch Träger des schwarzen Gürtels dritten Grades im Taekwondo, und ich mache immer Witze darüber, dass er den Leuten erst die Knochen ausrenken und sie ihnen dann wieder einrenken kann.

Peter meinte, dass die Theorie, man solle zuerst eine Grundlage aufbauen, sinnvoll sei. Zum einen seien die Knochen nicht etwas Unveränderliches. Sie entwickeln sich ständig. Da sie von Blutgefäßen durchzogen sind, werden sie durch den Druck beim Laufen härter und widerstandsfähiger. Auch die Sehnen erfahren eine Konditionierung und werden robust, und die Muskeln werden stark.

Man sagte mir, der Aufbau einer solchen Basis dauere an die zwei Jahre. Das schien mir eine lange Zeit zu sein; ich war mir nicht einmal sicher, ob ich dann überhaupt noch laufen würde. Es dauerte aber tatsächlich zwei Jahre. Im Verlauf dieser Zeit gewöhnte sich mein Körper zuerst ans Laufen, und dann wurde er gut in diesem Sport. Der Aufbauprozess bestand darin, dass ich mir all die Teile meines Körpers zunutze machte, über die ich ja bereits seit eh und je verfügte – Lungen, Muskeln, Knochen und Sehnen –, dass ich sie für das Laufen trainierte und ihre Fähigkeiten allmählich steigerte.

Dieser Prozess, sich die inhärente Körperstruktur zunutze zu machen und sie durch regelmäßiges, wiederholtes Laufen zu kräftigen, ähnelt sehr dem Training und Entwickeln des Geistes in der Meditation. Das tibetische Wort für Meditation ist *gom*. Im Wesentlichen bedeutet es, sich an etwas zu gewöhnen, sich mit etwas vertraut zu machen. Meditation ist also ein Akt, bei dem wir unseren Geist mit dem vertraut machen, was er unserem Willen nach tun soll. Zu diesem Prozess gehört es, dass wir einfach die Qualitäten und Fähigkeiten, über die der Geist von Natur aus bereits verfügt, auf methodische Weise bündeln, fokussieren und so unsere Basis aufbauen.

Die »Knochen und Sehnen des Geistes« sind Achtsamkeit und Gewahrsein. Achtsamkeit ist die Stärke des Geistes und Gewahrsein seine Flexibilität. Ohne diese Fähigkeiten können wir nicht funktionieren. Ob wir ein Glas Wasser trinken oder uns unterhalten, wir nutzen Achtsamkeit und Gewahrsein.

Zur Erfüllung einer Funktion leistet der Geist nur das Nötigste, es sei denn, wir trainieren ihn. In dieser Hinsicht gleicht er dem Körper. Zum Beispiel sind unsere Muskeln und Knochen stark genug, um uns das Gehen zu ermöglichen – nicht aber das schnelle Rennen, wenn wir sie nicht dazu trainiert haben. Ohne entsprechende Kondition ermatten wir schon, wenn wir plötzlich lospurten müssen, um unsere Kinder aus einer Gefahrenzone herauszuholen oder um noch ein Flugzeug oder einen Bus zu erwischen.

Ähnlich hat unser Geist hinreichend Achtsamkeit und Gewahrsein entwickelt, um uns ohne Anstrengung die Fahrt zur Arbeit zu ermöglichen. Müssten wir aber ohne Navigationssystem quer durchs ganze Land fahren, wären wir wahrscheinlich ein wenig schwerfälliger und würden etwas umständlich unsere Routen planen. Wer ständig lange Fahrten unternimmt wie zum Beispiel die Trucker, ist da wesentlich routinierter.

Der Unterschied zwischen Geist und Körper ist in diesem Zusammenhang der, dass niemand von uns erstaunt ist, wenn wir losrennen, um den Bus noch zu erwischen, und uns dabei die Puste ausgeht. Kein Mensch würde sich etwa sagen: »Ich fasse es nicht, dass ich keine vierzig Stundenkilometer laufen kann!« Im Hinblick auf den Geist verhalten wir uns aber oft derart irrational. Wenn uns dann lange Arbeitsstunden, noch mehr E-Mails oder elterliche Pflichten zu viel werden, geben wir uns gereizt, bekommen schlechte Laune und werden unglücklich. Wir kommen gar nicht erst auf den Gedanken, dass unser Geist für die geforderten Aufgaben nicht in Form ist. Wir setzen uns noch mehr unter Druck, weil wir davon ausgehen, dass wir einfach in der Lage sein sollten, das alles zu handhaben. Es dürfte uns aber eigentlich nicht überraschen, wenn wir es nicht können, denn wir haben dann sicher keine Basis dafür geschaffen.

Da ich in einer Kultur der Meditation aufgewachsen bin, war sie für mich immer etwas Natürliches und Praktikables. Mein Vater, Chögyam Trungpa Rinpoche, war einer der größten Meditationsmeister, die Tibet je hervorgebracht hat. Meine Mutter war dort schon als junges Mädchen dafür bekannt, dass sie eine begabte Meditierende war. Ich wuchs mit machtvollen, intelligenten und charismatischen Menschen auf, die die Vorzüge der Meditation lehrten und die Notwendigkeit der Geistesschulung erläuterten. Für mich wurde Meditation etwas Normales, wie Wasser zu trinken oder einen Spaziergang zu machen. Ich wuchs mit dem Beweis auf, dass sie funktioniert und wirkt.

Im Westen gibt es keine allgemein verbreitete Meditationskultur, weshalb viele Menschen natürlich nicht damit vertraut sind. Für nicht wenige stellt die Meditation immer noch etwas sehr Mysteriöses oder Esoterisches dar. Doch mittlerweile ist sie bekannter geworden, und immer mehr Menschen aus dem westlichen Kulturkreis interessieren sich für sie, vor allem da Untersuchungen ihre Wirksamkeit bei der Stressreduzierung belegen.

Wenn wir zu meditieren lernen, ist es wichtig, die richtige Anleitung und persönliche Unterweisung zu bekommen. Körperhaltung, Einstellung, Hindernisse und Gegenmittel – all das verlangt eine gute Unterweisung. Daher will ich hier versuchen, einige grundlegende Fakten über die Meditation darzulegen und auch ein paar Märchen darüber zu entlarven, um Ihnen beim Aufbau Ihrer Basis behilflich zu sein.

Wie ich schon gesagt habe, ist Bewegung gut für den Körper und Stillsein gut für den Geist. Um ein ausgewogenes Leben führen zu können, müssen wir uns einerseits engagieren und aktiv sein, uns zu gegebener Zeit aber auch vertiefen und ruhen. Wenn wir aktiv sind – laufen, reden oder arbeiten –, ist der Geist überwiegend mit Vorgängen befasst, die vom sympathischen Nervensystem gesteuert werden. Wenn wir die Prozesse des sympathischen Nervensystems nicht mit denen des parasympathischen ausbalancieren, bei denen wir in die Tiefe gehen und Ruhe walten lassen, sind wir schließlich angespannt, nervös und emotional überempfindlich. Lange Phasen der Überreizung – wie zu viel Aktivität – beginnen sich negativ auf die Organe und den Blutkreislauf auszuwirken. Auf der geistigen Ebene werden wir stumpf oder abgespannt. Und, am wichtigsten, wir sind nicht mehr zu tieferen kontemplativen Gedanken fähig.

Im Aktivitätsmodus sind wir im Allgemeinen mit lange erprobten Gewohnheiten befasst, die sich nur schwer ändern lassen, wenn wir einmal in Fahrt sind und unser Alltag seinen Lauf genommen hat. Oft bedarf es erst eines massiven Einschnitts wie einer Tragödie oder eines gravierenden Wechsels der Lebensumstände, damit wir innehalten, unser Tempo drosseln, nachdenken und unser Interesse schließlich der Kultivierung eines stärker parasympathischen Modus zuwenden. Es ist unbeschreiblich wohltuend und förderlich, wenn wir wie bei der Meditation den Körper still halten und den Geist entspannen, zugleich aber fokussiert bleiben. Weil wir aber nicht an einen solchen kontemplativen Zustand gewöhnt sind, fühlen wir uns zunächst unbehaglich dabei. Wir haben Schwierigkeiten, unsere Gewohnheiten zu ändern.

Bei der Meditation wird diese Schwierigkeit erkannt, und genau das wird auch im Wesentlichen von ihr angegangen. Wenn wir meditieren lernen, werden wir als Erstes in die Technik des ruhigen Verweilens eingeführt, in eine Phase der Stille und Vertiefung. Wenn wir uns mit dieser Technik wohl fühlen, üben wir uns in tieferer Kontemplation, bei der wir darüber nachdenken, wie wir unser Leben führen wollen, und andere geistige Gewohnheiten zu kultivieren beginnen. Beim Meditieren schaffen wir neue Pfade für den Geist, das Gehirn und auch das Herz. So bauen wir eine Basis auf.

Wenn wir zu meditieren beginnen, sind wir ähnlich wie beim Laufen mit etwas befasst, was ganz anders ist als das, was wir je zuvor gemacht haben. Und deshalb sollten wir es vor allem am Anfang nicht übertreiben.

3.
Der Atem

Das Leben ist Atem. Atem ist Leben. 21 600-mal am Tag atmen wir, heißt es in den Texten zur Meditation. Diese Fähigkeit zu atmen steht in direktem Zusammenhang mit der Energie unserer Lebenskraft. Der Atem lässt diese Energie durch den ganzen Körper kreisen. Im Laufe unseres Lebens nimmt die Atemkraft langsam ab. Was wir tun, wie wir leben, was wir essen, wie wir uns üben und welche Art von Beziehungen wir haben – all das beeinflusst ganz offensichtlich unsere Gesundheit, den Atem und damit auch die Energie unserer Lebenskraft. Die Gesundheit unserer Atmung und unser Umgang damit bilden einen wesentlichen Aspekt des Lebens.

Der Atem wirkt sich direkt auf unseren Geisteszustand aus. Tibetischen medizinischen Texten zufolge können Abnormalitäten bei der Atmung zu instabilen Geisteszuständen führen. Wir wissen, dass ein direkter Zusammenhang besteht zwischen der Sauerstoffzufuhr, der Sauerstoffanreicherung des Blutes und einer guten Gesundheit. Wenn wir niedergedrückt und lethargisch sind, kann das daher kommen, dass der Blutkreislauf nicht in Ordnung ist und von ein Sauerstoffmangel besteht.

Beim Aus- und Einatmen auf den Atem zu achten ist für Körper und Geist außerordentlich förderlich. Es hilft, den Geist von Stress, negativen Gedanken und Emotionen einschließlich Bedauern und Reue zu entgiften. Man kann den Atem mit den Wellen des Ozeans vergleichen, die dazu beitragen, dass das Wasser zirkuliert und nicht stagniert. Von daher werden wir, wenn wir auf den Atem achten, automatisch in die Gegenwart versetzt. Das bringt Klarheit in unseren Geist.

Kommt es in unserem Geist zu Verkrampfungen und Blockaden, dann im Allgemeinen deshalb, weil wir an die Vergangenheit oder an die Zukunft denken. Sitzt unser Geist in der Vergangenheit fest, deutet er in eine rückwärtsgewandte Richtung und ist verdrossen oder trübsinnig. Wenn wir die Vergangenheit als einzige Glanzzeit unseres Lebens betrachten, nehmen sich die nachfolgenden Ereignisse vergleichsweise deprimierend aus, weil die Lage dem Anschein nach immer nur schlechter wird. In anderen Fällen führt das zu viele Nachdenken über die Vergangenheit zu Bedauern und Reue. Wir fühlen uns wegen irgendetwas, was wir getan haben, schlecht.

Ist unser Geist hingegen auf die Zukunft gerichtet, könnten wir in einer Fantasie der Hoffnung fixiert sein, die uns ein trügerisch optimistisches Gefühl gibt und unser gegenwärtiges Tun herabmindert. Exzessives Denken an die Zukunft kann auch Sorgen und Ängste mit sich bringen, da wir nie wissen, was geschehen wird. Ungewissheit führt zur Unsicherheit.

Natürlich kann uns das Nachdenken über die Vergangenheit erkennen lassen, wie wir früher etwas getan haben und es jetzt besser machen könnten. Und die Zukunft ist wichtig im Hinblick darauf, dass wir unsere Bestrebungen projizieren. Aber all das soll uns zur Gegenwart zurückbringen, denn da erfüllen wir unsere Ambitionen.

Die Ereignisse der Vergangenheit sind bereits geschehen, und die der Zukunft werden sich erst noch ereignen. Nur im Jetzt können wir im Leben präsent sein. Die Gegenwart ist der Joystick, der den Augenblick und somit auch die Richtung kontrolliert, die unser Leben nimmt. Beim Atem zu sein ist die wirkungsvollste Art und Weise, präsent zu sein. Dies verbindet uns vollständig mit der Realität.

Die Fähigkeit, dem Atem Anerkennung und Wertschätzung entgegenzubringen, sich aufs Innigste auf den Atemvorgang einzulassen, bildet ein Schlüsselinstrument für die Meditation – und das Laufen. Der Atem ist wie das grüne Gras des Erdbodens, auf dem wir stehen. Oft sind wir uns gar nicht bewusst, wo wir stehen. Und so haben die meisten Meditierenden am Anfang Schwierigkeiten, den Atem zu finden und ihn seiner Bedeutung gemäß wertzuschätzen. Entweder werden wir durch allerlei Gedanken abgelenkt, oder wir finden es zu banal, uns auf den Atem zu beziehen.

Zur Meditationspraxis gehört es deshalb, Interesse an unserem Atem zu entwickeln und ihm die gebührende Wertschätzung entgegenzubringen. Wenn wir das tun, bekunden wir Interesse an uns selbst, an unserem Wohlergehen und an der Energie unserer Lebenskraft. Wir entwickeln die Fähigkeit, unserem Leben und Tun Beachtung zu schenken. Deshalb machen sich die Vorzüge der Meditation sofort bemerkbar: Wir nehmen das Leben einfach intensiver zur Kenntnis und schätzen es mehr.

Wenn Meditation Praktizierende ihren Atem finden, ist er anfänglich flach. Sind sie dann in der Technik versierter, verbessert sich die Qualität der Atmung. Daraus resultieren Kraft und Entspannung, die allmählich den ganzen Körper durchdringen.

Ähnlich verhält es sich auch bei den Menschen, die mit dem Laufen beginnen. Ihr Atem ist zunächst ebenfalls flach. Neulinge neigen oft dazu, den Atem anzuhalten oder nur einen Teil ihrer Lungen zu nutzen. Wird unsere Atmung hart und schnell, kann uns das unter Umständen überfordern. Wir sind mit dem raschen Atmen nicht vertraut, weil wir es nie zuvor erlebt haben. Wenn wir dann allmählich mehr laufen, beginnen wir, uns mit der Atmung zu entspannen. Das kann durch tieferes Atmen erreicht werden.

Sind wir schließlich geübte Läufer, erkennen wir, dass der menschliche Körper fürs Atmen gemacht ist. Tatsache ist, dass ein Großteil unserer Physiologie um die Atmung kreist. Unsere Lungen heben Oberkörper und Rücken an. Das Schwingen von Armen und Beinen hat die Funktion einer Pumpe.

Wenn wir eine Beziehung zu unserer Atmung entwickeln, müssen wir nicht mehr so sehr mit ihr kämpfen. Läufer wissen das intuitiv. Indem wir mit dem Atmungsprozess vertrauter werden, entwickeln wir im Grunde eine Beziehung zu den elementarsten Aspekten des Lebendigseins. Halten wir in der

Meditation die Aufmerksamkeit auf das Atmen gerichtet, hält das den Geist davon ab, dass wir in Tagträume verfallen, uns unnötig sorgen und in Fantasien verlieren. Der Geist bekommt etwas Gesundes zu tun.

4.
Wie man meditiert

Als ich im Kindesalter im Meditieren geschult wurde, wies man mich an, dazusitzen und eine Stunde lang meinem Atem zu folgen. Ich stellte fest, dass mein Geist von einem Gedanken zum nächsten hüpfte. Die Aufmerksamkeit auf die Atmung gerichtet zu halten und dem Atem zu folgen schien eine sehr anstrengende und mühsame Angelegenheit zu sein. Ich war auf ganz grundlegende Weise nicht in Form. Mein Geist hatte nicht die Kraft, sich länger als ein paar Augenblicke auf das gerichtet zu halten, worauf ich mich fokussierte. Aber nach nur ein wenig Praxis konnte ich meinen Atem binnen Minuten finden – und ihm folgen.

Im Verlauf meines fortgesetzten Trainings habe ich mich eines breiten Spektrums an Meditationstechniken bedient, angefangen bei der einfachen Stabilisierung des fokussierten Geistes über die Visualisierung, die kontemplative Meditation bis hin zur Anwendung von Mantras. All diese Techniken hängen davon ab, dass man einige grundlegende Aspekte der Achtsamkeit kultiviert, was wir mit einem Krafttraining gleichsetzen könnten; und dass man Gewahrsein entwickelt, was sich mit

Flexibilität, Ausdauer und Widerstandskraft gleichsetzen ließe.

In diesem Kapitel werde ich Anweisungen für eine der grundlegendsten und hilfreichsten Meditationstechniken anbieten. Der Vorgang besteht im Wesentlichen darin, dass wir die Aufmerksamkeit auf die Atmung gerichtet halten. Man nennt dies oft »dem Atem folgen« oder »achtsames Atmen«. Es führt zum ruhigen Verweilen.

Um sich in dieser Technik zu üben, nehmen Sie zunächst die richtige Körperhaltung ein. Sitzen Sie in aufrechter und bequemer Haltung still da. Gleich, ob Sie auf einem Kissen oder einem Stuhl sitzen, halten Sie das Rückgrat in seiner natürlichen Biegung gerade aufgerichtet. Lassen Sie die Hände auf den Oberschenkeln ruhen, die Arme und Schultern sind entspannt. Das Kinn ist leicht zurückgezogen, und die Augenlider sind entspannt. Entspannen Sie Gesicht und Kinnlade. Auch die Zunge ist entspannt, die Zungenspitze drückt leicht gegen die oberen Zähne. Der Mund ist ein ganz klein wenig geöffnet. Wenn Sie auf einem Kissen sitzen, halten Sie die Beine auf Höhe der Fußknöchel locker gekreuzt. Wenn Sie auf einem Stuhl sitzen, sind die Fußsohlen fest auf den Boden gestellt. Richten Sie den Blick auf etwa zwei Meter vor Ihnen, und lassen Sie ihn so ruhen.

Ziehen Sie nun Ihren Geist von seinen gegenwärtigen Gedankengängen oder Sorgen ab, und halten Sie Ihre Aufmerksamkeit auf die Atmung gerichtet. Das ist als das »Platzieren«, »Sichsetzen« oder »Ausrichten« des Geistes bekannt, die erste von neun Stufen beim Prozess des Stärkens und Entwickelns des Geistes. Diese unter verschiedenen Bezeichnungen bekannten neun Stufen sind: »Ausrichten des Geistes«, »stetige Ausrichtung«, »wiederholte Ausrichtung«, »intensive Ausrichtung«, »Zähmung«, »Befriedung«, »vollständige Befriedung«, »Einsgerichtetheit« und »meditatives Gleichgewicht«. Die ersten drei Stufen stehen mit der Stabilisierung des Geistes in Verbindung.

Wenn wir noch nie zuvor derart mit dem Geist gearbeitet haben, machen wir als Erstes die Erfahrung, dass er ständig in Bewegung ist. Der Geist ist fortwährend von Gedanken überschwemmt. Diese Stufe wird mit einem Wasserfall verglichen. Der Geist vermittelt das Gefühl, er sei wie ein Sturzbach.

Am Anfang ist es wichtig, dass wir uns von diesem Gedankenstrom nicht überwältigen oder entmutigen lassen, sondern lediglich erkennen, wie viele Gedanken in unseren Geist einfließen. Wenn wir beständig und immer wieder die Aufmerksamkeit auf die Atmung richten, wird der Geist stärker und stärker. Das ist so, als würden wir uns immer wieder im Gewichtheben und im Stemmen üben.

Das Atmen selbst ist rhythmisch, weich, gleichmäßig und besänftigend. Indem wir auf den Atem meditieren, gewöhnen wir uns an ihn. Durch dieses Vertrautmachen nimmt der Geist nun positive und hilfreiche Qualitäten in sich auf.

Als Nächstes folgen wir dem Atemzyklus. Wir atmen dabei ganz gewöhnlich; nichts wird übertrieben. Der Atem verlässt die Lippen und strömt aus den Nasenlöchern. Der Atemstrom löst sich in etwa zwei Metern Entfernung vor uns auf. Am Ende der Ausatmung erfolgt eine kleine Pause, ein kleines bisschen Offenheit. Dann beginnen wir dem zu den Lippen zurückkehrenden Atemzyklus zu folgen.

Indem wir den Geist auf den Atem richten, üben wir uns in Achtsamkeit. Wir stärken den Geist, bauen das Fundament auf. Mit Hilfe dieser scheinbar einfachen Technik gewinnt unsere Aufmerksamkeit an Stärke. Und wir denken nicht an andere Dinge, weshalb ganz natürlich innerer Frieden herrscht, was für den Geist sehr hilfreich ist.

Wenn Sie das einige Atemzyklen lang durchgeführt haben, verlieren Sie wahrscheinlich Ihre Achtsamkeit und hängen stattdessen irgendwelchen Gedanken zum Tagesgeschehen nach. Also üben Sie sich als Nächstes darin, sich von Gedanken nicht ablenken zu lassen. Das erfordert Gewahrsein. Es ist gleich, welche Art Gedanken das sind. Wenn Sie merken, dass Sie gedanklich abschweifen, akzeptieren Sie das einfach, und lenken Sie Ihre Aufmerksamkeit wieder auf den Atem. Sie können sich selbst etwas sagen wie: »Daran kann ich auch später noch denken.« Oder sich einfach nur bestätigen: »Oh, ich verliere mich gerade in Gedanken.« Machen Sie sich deswegen keine Vorwürfe, das ist ein ganz normales Phänomen; richten Sie Ihre Aufmerksamkeit einfach nur wieder auf die Atmung aus. So trainieren Sie sich in den Stufen »Ausrichten des Geistes«, »stetiges Ausrichten« und »wiederholtes Ausrichten«.

Versuchen Sie, Ihren Geist sacht und beständig auf die Atmung gerichtet zu halten. Wenn Sie merken, dass Sie an etwas Bestimmtes zu denken beginnen, besinnen Sie sich auf die Rückkehr zum Atem. Im Fokus der Meditation steht hier, dass Sie Ihre Aufmerksamkeit von den Gedanken abwenden und auf den Atem gerichtet halten, was in dieser einfachen Form schlicht im Vorgang besteht, dass die Achtsamkeit auf dem Atmen ruht, dass Sie es merken, wenn Sie in Gedanken abschweifen, und dass Sie Ihre Aufmerksamkeit wieder auf den Atem zurücklenken.

Wenn wir beständig und wiederholt den Geist mit dem Atem in Verbindung bringen, schaffen wir Stabilität. Diese vierte Stufe – fähig zu sein, den Geist unabgelenkt auf den Atem gerichtet zu halten – wird »intensive Ausrichtung« genannt. Unsere Meditation ist stabil, und unser Geist wird langsam gezähmt. So bauen wir ein Fundament im Meditationstraining auf. Wenn wir die Fähigkeit erlangt haben, die Aufmerksamkeit auf den Atem gerichtet zu halten, stärkt dies auch die Fähigkeit, uns auf irgendein anderes Objekt oder Bestreben zu fokussieren.

Versuchen Sie am Anfang bei jeder Sitzung jeweils zwanzig bis dreißig Minuten lang zu meditieren. Wenn Ihr Geist nicht ans Meditieren gewöhnt ist und diese längeren Zeiten Ihnen Schwierigkeiten bereiten, könnten Ihnen kürzere Sitzungen eine Hilfe sein. Selbst zehn Minuten werden sich positiv auswirken, vor allem dann, wenn Sie sie im Lauf des Tages mehrmals wiederholen. Sie könnten zum Beispiel jeweils zehn bis fünfzehn Minuten lang nach dem Aufwachen, vor dem Mittagessen, am Nachmittag und am Abend meditieren.

Auch wenn Sie nur zehn bis zwanzig Minuten täglich meditieren, hilft das schon. Wie beim Laufen trägt die Häufigkeit zum Aufbau einer Basis bei. Später werden Sie feststellen, dass dreißig Minuten rasch und leicht vergehen, und bald werden Sie fünfundvierzig bis sechzig Minuten lang meditieren. Und noch etwas später werden Sie es einige Stunden ohne Unterbrechung tun können.

Ein Timer kann nützlich sein, wenn Sie sich zum Meditieren setzen. Ständig auf die Uhr zu schauen ist ganz offensichtlich keine gute Idee, da Sie möglicherweise auch entdecken, dass Sie über übernatürliche Fähigkeiten verfügen, mit denen Sie die Zeit verlangsamen können. Meditierende verwenden traditionellerweise Räucherstäbchen nicht nur als Duftopfergabe – und weil der Geruch hilft, sie wach zu halten –, sondern auch als Zeitmesser. Die meisten Räucherstäbchen brennen etwa vierzig Minuten lang, und sie lassen sich in zwei Hälften teilen.

Es ist auch gut, Anfang und Ende einer Sitzung klar zu markieren. Damit erkennen Sie an, dass Sie für Ihre Arbeit mit dem Geist Raum schaffen. Traditionellerweise verwendet man dazu eine kleine Glocke oder einen Gong, Sie können die Sitzung aber auch mit einer Kriegerverbeugung beginnen und beenden: Legen Sie die Hände auf die Oberschenkel und beugen Sie Kopf und Oberkörper nach vorn. Sie sollten vermeiden, gar keine Struktur für die Sitzung zu haben, also kein klares Kennzeichnen von Anfang und Ende. Ein solch indifferentes Vorgehen schmälert die Kraft der Meditationssitzung und zeitigt auf Dauer weniger Resultate. Das wäre fast schon ein bisschen so, als gingen Sie ins Fitnessstudio, ohne sich dort körperlich betätigen zu wollen.

Ganz allgemein ist ein gewisser Sinn für Anstand, Wertschätzung und Sauberkeit für die Meditationspraxis hilfreich. Wenn Sie selbst völlig zerzaust und ungepflegt sind und das Zimmer im Chaos versinkt, ist das der Entwicklung von geistiger Schärfe und Präzision eher abträglich. Gleichzeitig sollten Sie die Sitzungen in einem bestimmten Grad von Unbeschwertheit, Entspanntheit und Wohlbefinden durchführen, sodass Sie nicht zu angespannt und starr werden. Die Beine alle vierzig Minuten zu strecken und sich ein wenig zu bewegen kann dabei durchaus hilfreich sein. Der Kreislauf lässt sich wieder in Schwung bringen, wenn Sie ab und an mit den Füßen und Zehen wackeln, und die Beine schlafen so weniger leicht ein.

Sollten Sie feststellen, dass Ihnen das Sitzen auf dem Meditationskissen über Gebühr Schmerzen bereitet, möchten Sie es vielleicht mit einem höheren Kissen oder einem dicker gepolsterten Stuhl probieren. Vielleicht wollen Sie auch kurze Gehmeditationen mit dem Sitzen verbinden. Diese beschreibe ich in Kapitel 18. Sie könnten auch Bodywork oder Dehn- und Streckübungen in Betracht ziehen.

In Zen-Klöstern bekommen schläfrige Meditierende (in der Regel nur auf Verlangen der Übenden) mit einem flachen Holz zwei bis drei Schläge auf die Schulter. In tibetischen Klöstern werden dazu runde Stäbe oder kleine Peitschen verwendet. Das hält alle wach und aufmerksam. Wenn wir aber allein praktizieren, müssen wir uns selbst disziplinieren, denn wir könnten ja tun, was wir wollen, und keiner würde es mitkriegen. Von daher sollten wir äußerlich gesehen ein Gleichgewicht von Struktur und Entspannung und im Innern Achtsamkeit und Gewahrsein aufrechterhalten. Das hält die Meditation warm und frisch.

5.
Das Pferd zähmen

Khenpo Gangshar, einer der großen Meditationsmeister Tibets, war ein Mentor meines Vaters. Ein brillanter Gelehrter, der als frühgereifter junger Mann eine einzigartige Mischung an praktischer und analytischer Ausbildung erhalten hatte, ähnlich wie manche der großen Philosophen in hellenistischer Zeit. Er schrieb einige Texte zur Meditation.

In einem davon stellt er die Frage: »Was ist am wichtigsten, der Körper, die Rede oder der Geist?« Dann geht er allem Für und Wider nach. Was den Körper angeht, so nehmen wir durch ihn Hitze und Kälte wahr. Wir empfinden große Lust und großen Schmerz. Wir können tanzen, meditieren und köstliche Speisen genießen. Die Rede ermöglicht es uns, zu singen, zu sprechen und zu kommunizieren. Mit wenigen schlichten Worten besiegeln wir eine Ehe, und mit wiederum anderen könnten wir einen Krieg erklären. Durch den Geist vermögen wir Gedanken und Ideen zu haben, Wissen zu erwerben und uns in die Vergangenheit und die Zukunft hineinzudenken. Der Geist kann sich Orte vorstellen, an denen er noch nie gewesen ist.

Khenpo Gangshar gelangte schließlich zur Schlussfolgerung, dass Körper, Rede und Geist alle wichtig sind, der Geist aber am bedeutendsten ist. Der Geist ist der König oder, zeitgemäßer ausgedrückt, der Chef. Nur über den Geist können wir Bewegung im Körper und Klänge in der Rede auslösen. Je befähigter der Geist ist, desto tiefgreifender wird seine Wirkung sein. Wir müssen uns also um den Geist kümmern.

In der Tradition der Meditationspraxis geht man davon aus, dass der Geist im Kopf, im Herzen und im ganzen Körper angesiedelt ist. Doch sind Geist und Körper letztlich eine einzige Wesenheit. Dies ist die Empfindung von Einheit, Einssein oder Zentriertheit. Und insbesondere heißt es, dass eine einzigartige Beziehung zwischen Atem und Geist besteht. In Tibet sagen wir, dass der Atem wie ein Pferd und der Geist wie der Reiter ist. Wenn der Atem ruhig und unter Kontrolle ist, fällt der Zugang zum Geist sehr viel leichter. Das tibetische Wort für »Atem« oder »Wind« ist *lung*. Dieser »Wind« steht für Bewegung und Energie im ganzen Körper.

Ein gesteigerter gedanklicher Prozess, wie zum Beispiel wenn wir uns Sorgen machen, verstärkt die Bewegung des Windes. Je unsteter und sprunghafter der Wind, desto mehr bewegt er sich durch den ganzen Körper. Wir erfahren das als aufgeregtes, diskursives Denken und emotionales Auf und Ab, die sich in Stress – blockierte Energie – umsetzen. Wenn wir laufen, beginnt sich dieser Wind zu legen, und die Blockaden lösen sich allmählich auf.

In Tibet haben wir ein traditionelles Bild oder Symbol, das

Windpferd, das für eine ausgewogene Beziehung zwischen Wind und Geist steht. Das Pferd repräsentiert Wind und Bewegung. Auf seinem Sattel reitet ein kostbares Juwel. Dieses Juwel ist unser Geist.

Mit dem Juwel verbindet sich hier die Vorstellung von einem klaren durchsichtigen Edelstein, der das Licht reflektiert. Er hat etwas Solides, Erdhaftes an sich. Wir können ihn in die Hand nehmen und gleichzeitig durch ihn hindurchsehen. Diese Qualitäten stehen für den Geist: Er ist fassbar und zugleich durchsichtig oder durchscheinend. Der Geist ist zu höchster Weisheit fähig. Er kann Liebe und Mitgefühl wie auch Zorn und Wut erfahren. Er kann Geschichte, Philosophie und Mathematik begreifen – und sich auch daran erinnern, was auf der Einkaufsliste steht. Der Geist ist wirklich wie ein wunscherfüllendes Juwel.

Ist der Geist ungeschult, nicht trainiert, dann vergleicht man seine Gedankenprozesse mit einem wilden und blinden Pferd: unstet, sprunghaft und außer Kontrolle geraten. Wir erleben den Geist als ständig in Bewegung befindlich – er springt plötzlich hierhin und dorthin, denkt an dies und dann an das, ist mal glücklich, mal traurig. Wenn wir unseren Geist nicht trainiert haben, führt uns das wilde Pferd hin, wo immer es will. Es trägt kein Juwel auf seinem Rücken, sondern einen beeinträchtigten Reiter. Das Pferd selbst ist halb verrückt, wir haben es also mit einer ziemlich bizarren Szenerie zu tun. Wenn wir unseren Geist in der Meditation beobachten, können wir dieser Dynamik bei ihren Vorgängen zusehen.

Insbesondere in den Anfangsphasen der Meditation stellt die Kontrolle des Geistes für uns eine große Herausforderung dar. Auch wenn wir den Wunsch haben, ihn zu beherrschen, so haben wir, wie der schwache Reiter, kaum die Macht und Kraft dazu. Wir wollen uns auf das Atmen fokussieren, aber der Geist bricht immer wieder unerwartet aus und galoppiert davon. Das ist das wilde Pferd. Der Prozess der Meditation besteht darin, das Pferd zu zähmen, sodass es unserer Kontrolle untersteht, und den Geist zu einem meisterlichen Reiter zu machen.

Es gibt die allgemein verbreitete Vorstellung, dass wir in der Meditation nicht denken sollen. Das ist nicht ganz zutreffend. Im Grunde entwickeln wir hier die Fähigkeit, dann zu denken, wenn wir wollen, und nicht zu denken, wenn wir nicht wollen. Wir entwickeln die Fähigkeit, unsere Gedanken in eine bestimmte Richtung zu lenken und auf das Objekt unserer Wahl zu fokussieren. Wenn wir zum Beispiel Mitgefühl entwickeln wollen, praktizieren wir das Fokussieren auf Gedanken des Mitgefühls oder auf das Denken an Menschen, die unser Mitgefühl erwecken. Wenn wir dann feststellen, dass wir stattdessen an Eiscreme denken und danach daran, wie unsere Mutter immer Kekse gebacken hat, sitzen wir wieder auf dem wilden Pferd. Wir hatten nicht vor, diese Gedanken zu bekommen. Wenn der Geist in alle Richtungen davongaloppiert, ist er uns weniger zugänglich, und wir fühlen uns müde, schwer und gestresst.

Richtig ist, dass wir in den Anfangsstadien der Meditation allzu vieles Denken meiden wollen. An diesem Punkt stimuliert das Denken einfach nur den »Wind«, was wir als Unbeständigkeit und Sprunghaftigkeit erleben. Deshalb besteht das Training des Pferdes in jedem Stadium darin, dass wir den Geist immer wieder zurückführen auf das, worauf wir uns fokussieren wollen. Am Anfang wollen wir uns auf das Atmen konzentrieren.

Indem wir dem Atem folgen und anfangen, das Tempo oder die »Gangart« des Atems zu bestimmen, entwickeln wir ein stetiges, rhythmisches Ein- und Ausströmen. Dieses Fließen beruhigt den Geist. Es ist dem Trainieren des Pferdes vergleichbar. Jedes Mal wenn das Pferd den Pfad verlassen möchte, weil es irgendein verlockendes Grasbüschel sieht – sei es ein zufälliger diskursiver Gedanke oder eine ausgedehntere Träumerei –, lenken wir das Pferd auf den Pfad zurück. In diesem Fall ist der Atem der Pfad.

6.
Ruhiges Verweilen und Kontemplation

Am Anfang verläuft das Befolgen der Meditationstechnik ähnlich, wie wenn wir Kinder zur Schule bringen wollen: Unser Geist schlägt um sich und schreit, dass er nicht hingehen will. Wir erleben das in Form von vielen aufsteigenden Gedanken und Emotionen, während wir unseren Geist auf den Atem zurücklenken. Haben wir aber die richtige Motivation und eine gute Technik – Ausrichten des Geistes, stetige Ausrichtung, wiederholte Ausrichtung und intensive Ausrichtung –, dann sind wir sanft und bestimmt, und unser Geist erscheint jeden Tag zum Unterricht.

Ist der Geist erst einmal gezähmt, begeben wir uns auf die Stufen der »Befriedung« und der »vollständigen Befriedung«. Wir fangen an, im inneren Frieden und in der Ruhe zu verweilen. Im Tibetischen nennt man dies *shiné*, im Sanskrit *shamatha*. Zu lernen, wie man in diesen stillen und zur Ruhe gebrachten Geisteszustand gelangt, ist der Grund, warum sich die Leute überhaupt der Meditation widmen. Wir üben uns darin, den Stress zu mindern. Indem wir einfach den Geist auf das Atmen ausrichten und darauf gerichtet halten, entwickeln wir eine bestimmte Ebene inneren Friedens, weil unsere Praxis »einsgerichtet« ist. Auf dieser einsgerichteten Stufe ist unser Geist nicht mehr abgelenkt. Auf der nächsten Stufe – der Stufe des »meditativen Gleichgewichts« – ist unser Geist stark, stabil, klar und voller Freude.

Ich finde, dass Leute, die Laufsport betreiben, sich zuweilen leichter in Meditation unterrichten lassen als solche, die nicht laufen, weil Läufer ein natürliches Gefühl für den Atem haben. Für sie ist der Umgang mit dem Atem etwas ganz Direktes, Unmittelbares. Und dennoch ist es schwierig, beim Laufen ruhiges Verweilen zu praktizieren.

Denn will man Zugang zum Geist gewinnen, muss das wilde Pferd gezähmt werden. Das bewirken wir durch beständiges Anwenden der Meditationstechnik. Auch wenn das Laufen einige Vorteile für den Geist mit sich bringt, sind diese doch gewöhnlich nicht Ergebnis der Zähmung, sondern der Erschöpfung des Pferdes. Durch Bewegung erschöpfen wir uns körperlich. Danach fühlen wir uns ruhiger, weil der »Wind« sich beruhigt hat. Somit ist auch der Geist präsenter und im Frieden. Die Klarheit und der Geistesfrieden, die wir nach dem Laufen verspüren, treten hauptsächlich deshalb ein, weil das wilde Pferd müde ist, nicht unbedingt, weil es gezähmt worden wäre. Die durch die körperliche Bewegung herbeigeführte geistige Klarheit ist somit vorübergehender Natur. Sobald das Pferd wieder mehr Energie hat, spürt es nämlich erneut den Drang zu traben oder zu galoppieren. Dann müssten wir uns wieder ans Laufen begeben und den Geist ein weiteres Mal erschöpfen.

Wenn wir mit Hilfe des Laufens den Geist trainieren, handelt es sich also eher um eine temporäre Begleiterscheinung. Der innere Friede und die Klarheit, die aus der Meditation entstehen, sind hingegen wachsender und sich verstärkender Natur.

Gewöhnlich baut sich das Wissen im Geist auf sich selbst auf. Wir können heute den Buchstaben A lernen, morgen die Buchstaben B und C, und schließlich beherrschen wir das Alphabet. Dann können wir Wörter und Sätze bilden und irgendwann eventuell sogar ein Buch schreiben. Die Körperstärke hingegen muss ständig trainiert werden. In gewisser Hinsicht kann der Körper natürlich auch aus sich selbst heraus Fitness aufbauen, und der Geist kann sein Wissen vergessen. Aber in der Regel ist es so, dass der körperliche Nutzen durch Bewegung vorübergehender Natur ist, wohingegen sich der Nutzen der Meditation vermehrt und steigert.

Im Idealfall üben wir uns täglich in beidem: in körperlicher Bewegung und in der Meditation. Das Geistestraining kann Sportlern dabei helfen, aus ihrem physischen Training mehr Gewinn zu ziehen. Es hilft ihnen, fokussiert zu sein und sich nicht ablenken zu lassen, sodass bei Wettkämpfen keine negativen Gedanken aufkommen. Gleichzeitig können sie die Fähigkeit entwickeln, sich selbst gegenüber sanft und bestimmt zu sein. Bei Meditierenden – oder allgemein bei Menschen, die nach Wissen streben – trägt die körperliche Bewegung hinwiederum dazu bei, dass der Körper nicht zur Plage wird. Intellektuelle Arbeit bereitet uns weniger Mühe, wenn wir frei von Schmerzen oder Unbehagen sind. Sowohl der Geist wie auch der Körper sollten uns gleichermaßen lieb und wert sein. Der Körper ist das magische Pferd und der Geist das magische Juwel.

Die Kraft der Meditation des ruhigen Verweilens darf nicht unterschätzt werden, nur weil es die erste Technik ist, die wir erlernen. Sie kann uns zur Erfahrung von Licht, Klarheit oder Freude führen. Und das sind keineswegs unerreichbare Ziele wie Paralleluniversen, sondern Qualitäten, die einem jeden gesunden Geist innewohnen.

Wenn wir imstande sind, den Geist durch ruhiges Verweilen zu stabilisieren, gehen wir zu einer anderen Art von Meditation über, die sich auf die Entwicklung von Einsicht gründet. Im Tibetischen wird sie *lhagthong* und im Sanskrit *vipa'syana* genannt. Die Wörter bedeuten »klares Sehen« oder »höhere Einsicht«. Mit solcherart Einsicht schärfen wir unsere natürliche Intelligenz oder *prajna*. Diese zweite Form der Meditation ist eine fortgeschrittenere Technik. Im Wesentlichen besteht sie in einem Erziehungsprozess des Geistes, sodass er zu den richtigen Schlussfolgerungen gelangt. Dafür bedienen wir uns eines konzeptuellen Gerüsts. Mit anderen Worten, wir nutzen unser Gefühl von Dualität – Subjekt und Objekt, hier und dort, dies und das –, um die Wahrheit über die Realität zu erforschen, indem wir diese Wahrheit kontemplieren. Dadurch, dass wir die Wahrheit als etwas von uns Getrenntes ansehen, erzeugen wir eine Methode, sie zu erfahren. Die wahre Realität oder Wirklichkeit befindet sich jenseits aller Konzepte, jenseits der Dualität von »dies und das«.

Bei der kontemplativen Meditation richten wir den Geist nicht kontinuierlich auf den Atem aus, sondern auf bestimmte kraftvolle Themen wie zum Beispiel »Großzügigkeit«. Unser Geist wird mit ihnen vertrauter, und allmählich hinterlassen diese Themen einen Eindruck in ihm. Diese Technik funktioniert auf der Grundlage zweier Prinzipien, dem des Wortes und dem der Bedeutung. Wir entscheiden uns zum Beispiel zur Kontemplation des Themas »Liebe«: Je mehr wir unseren Geist auf das Wort gerichtet halten, desto stärker wird dieses Gefühl erzeugt.

Wenn wir laufen, strömen verschiedene Gedanken durch unseren Kopf. Sind wir gut geschult darin, uns zu fokussieren, können wir sie auf bestimmte Themen lenken. Wir könnten uns zum Beispiel auf das Gefühl konzentrieren, Glück zu haben oder dankbar zu sein. Sobald wir ausreichend damit vertraut sind, wird diese kontemplative Meditation zu unserer Einstellung.

Während des Laufens versuche ich oft, das Thema »anderen von Nutzen sein« im Geist zu aktivieren. Ich mag ihnen zwar nicht unbedingt durch das Laufen einen Dienst erweisen, aber hinterher, so stelle ich immer wieder fest, fällt es mir leichter, jemandem behilflich zu sein. Wenn wir uns geistig in das Gefühl versenken, Glück zu haben, sind wir anschließend vielleicht dankbarer. Nachdem wir Liebe kontempliert haben, entstehen Güte und Mitgefühl möglicherweise viel natürlicher in uns.

Auch wenn das Laufen allein keine Meditation ist, verbringen wir dabei doch sehr viel Zeit damit, uns mit unserem Geist zu beschäftigen. Haben wir unsere Fähigkeit gestärkt, uns zu fokussieren, so wird uns dies auch hier von Nutzen sein. In den Teilen II bis VI dieses Buches finden Sie einige Kontemplationen, die Sie beim Laufen ausprobieren können. Das Praktizieren der kontemplativen Meditation beginnen wir aber damit, dass wir uns setzen.

Wenn wir uns richtig darin üben, führt diese Form der Meditation zur Entdeckung der Weisheit, die wir als »nichtkonzeptuelles Verstehen« definieren. Es handelt sich um ein transzendentes Wissen, eine Ebene von Bewusstsein, die sich nicht mehr der Konzepte bedient, um die Dinge zu verstehen. Diese Weisheit transzendiert die Dualität. Die Konstrukte von »dies und das« lösen sich auf. Das nennen wir »Erleuchtung«, hier übersteigt unser Wissen die drei Zeiten Vergangenheit, Gegenwart und Zukunft.

Wir können die Meditation also schlicht als Mittel nutzen, um den Geist zu stabilisieren und zu stärken und eine bestimmte Ebene inneren Friedens zu erreichen. Oder wir setzen sie als Werkzeug ein, um Weisheit zu entwickeln. Wenn wir Weisheit fördern wollen, müssen wir ebenfalls bei der Stabilisierung und Stärkung des Geistes anfangen. Es ist schwer, weise, ruhig oder befriedet zu sein, wenn unser wildes Pferd, der Geist, herumgaloppiert und den Reiter mal hierhin, mal dorthin schleudert. Deshalb sind Zeiten formeller Sitzmeditation so wichtig, in denen wir an der Zähmung des Pferdes arbeiten und dafür sorgen, dass der Reiter stärker und fähiger wird.

7.
Aller Anfang ist schwer

Sowohl beim Laufen als auch bei der Meditation kann die Anfangszeit die größte Herausforderung bedeuten. Sie mag schwierig sein, weil wir unsere Gewohnheiten zu ändern versuchen. Beim Laufen möchten wir unsere körperlichen und bei der Meditation unsere mentalen Eigenarten ändern. In beiden Fällen müssen wir uns sehr klar entscheiden, was wir tun wollen.

Der Anfang beim Laufen ist eine fragile Phase. Wir sind angespannt, wir haben noch nicht so viel Durchhaltevermögen und wir werden schnell müde. Entschlusskraft und Anstrengung sind hier unerlässlich. Wir bringen unseren Körper dazu, von der überwiegend sitzenden Haltung zum Aktivsein überzugehen. Wir beschleunigen den Herzschlag und den Blutkreislauf, und unsere Müdigkeit und Angespanntheit spiegeln die Schwierigkeiten dieses Übergangs wider.

Diese frühe Phase ist eine kritische Zeit. Wenn wir es übertreiben, strapaziert uns das Laufen allzu sehr, und wir hören vorschnell damit auf. Falls wir uns da nicht genug bemühen, wird uns das Laufen nie wirklich zur Gewohnheit werden. Für den Anfang empfehle ich deshalb oft die Kombination »Gehen und Laufen« – ein Gehen, unterbrochen von kurzen Laufphasen. Diese sanfte, kombinierte Herangehensweise scheint bei Anfängern gut zu funktionieren. Das Laufen überfordert sie nicht, und gleichzeitig können sich Herzschlag und Blutkreislauf durch die kurzen Laufphasen beschleunigen. Selbst Ultramarathonläufer wenden diese Technik von Gehen und Laufen an.

Als ich meine Frau Khandro Tseyang ins Laufen einführte, ermunterte ich sie dazu, die meiste Zeit zu gehen und dazwischen immer mal wieder zwei Minuten lang zu laufen. Ich hütete mich allerdings, ihr allzu viele Anweisungen zu geben, da das Coachen der eigenen Gattin oft eine etwas heikle Angelegenheit ist. Nach einigen Monaten konnte sie immerhin zwanzig bis dreißig Minuten lang laufen. Später feierten wir unseren Hochzeitstag mit einem gemeinsamen einstündigen Lauf. Ich war auf ihre Fortschritte überaus stolz, die vor allem auch dadurch möglich geworden waren, dass sie es von Anfang an nicht übertrieb.

Wie viele Läufer empfand auch ich die ersten zwanzig Minuten zunächst als den härtesten Teil. Ich dachte, ich sei nicht in Form. Daher schien es ganz natürlich zu sein, dass ich mich dabei nicht wohl fühlte. Manchmal hatte ich das Gefühl, nicht länger als ein paar Minuten laufen zu können. Meine Beine wurden schwer und fühlten sich an, als wären sie vom übrigen Körper abgekoppelt. Als ich dann später in sehr viel besserer Form war, hatte ich zu Beginn des Laufs immer noch eine Phase leichter körperlicher Beschwernis. Ich merkte, dass es nichts damit zu tun hatte, ob ich in Form war oder nicht. Es liegt einfach am Körper und am Nervensystem, die vom Sitzen aufs Aktivsein umschalten.

Auch jetzt noch habe ich das Gefühl, eine Menge von meiner Fitness verloren zu haben, wenn ich ein paar Tage nicht gelaufen bin und dann wieder damit anfange. Als ich meine Trainerin Misty Cech einmal darauf ansprach, sagte sie: »Rinpoche, ich glaube nicht, dass du in den letzten paar Tagen deine Fitness verloren hast. Es ist einfach nur so, dass die Nerven im Körper wieder geweckt werden müssen.« Ich habe festgestellt, dass das stimmt.

Beim Meditieren wird die Anfangsphase aus dem gegenteiligen Grund zur Herausforderung: Wir wollen langsamer werden. Wenn wir uns setzen und zu meditieren beginnen, war der Geist davor sehr beschäftigt. Er war sozusagen herumgesaust, und jetzt fordern wir ihn durch unsere Fokussierung auf den Atem dazu auf, sich langsamer zu bewegen. Zu Beginn sind wir vielleicht ungeduldig und unruhig, aber das mag weniger mit der Meditationspraxis an sich zu tun haben als vielmehr damit, dass sich der Geist mit der neuen Geschwindigkeitsbegrenzung nicht wohl fühlt.

Zu Beginn des Laufens und der Meditation ist die Trägheit eines der größten Hindernisse. Wir scheinen uns kaum vom Fernseher losreißen oder von der Couch erheben zu können. In diesem Fall kann allerdings schon ein klein wenig Bewegung dem Körper signalisieren, dass es Zeit ist, in die Gänge zu kommen. Wenn wir unsere Trainingskleidung anziehen und anfangen, uns zu dehnen und zu strecken, kann das schon dabei helfen, unsere Trägheit zu überwinden. Und wenn wir uns hinsetzen und auch nur fünf Minuten dem Atem folgen, hat das bereits die Macht, uns aus der Trägheit herauszuholen. Eine andere Form von Bequemlichkeit besteht darin, dass wir uns in unserem geschäftigen, temporeichen Leben nicht die Zeit nehmen, zum Laufen zu gehen oder uns hinzusetzen und zu meditieren.

Ein weiteres anfängliches Hindernis, vor allem beim Meditieren, ist, dass wir die Anleitungen nicht beachten. Wir haben uns zwar auf das Meditationskissen begeben, vergessen aber, die Technik anzuwenden. Wir hätten uns auf das Atmen fokussieren und von allerlei Gedanken Abstand nehmen sollen. Statt jedoch die Anweisungen zu befolgen, driften wir gedanklich ab oder denken einfach nur so vor uns hin. Das ist fast, als zögen wir uns unsere Laufschuhe, unsere Shorts und unser Trikot an – um dann einfach nur herumzustehen.

Obschon sich der Meditationsprozess vom Laufen unterscheidet, sind die »Werkzeuge« doch die gleichen: Wir müssen entschlossen sein und uns ein wenig anstrengen. Wenn wir durch die Anfangsphase kommen, werden wir ziemlich sicher Erfolg haben. Ganz offensichtlich werden wir uns im Verlauf unseres Weges noch vor Herausforderungen gestellt sehen, aber am Anfang beider Aktivitäten führen eine klare Sichtweise und Ausdauer zu reichlichem Lohn.

Wichtig ist, uns zu Beginn bei keiner der beiden Aktivitäten zu überfordern. Wir treiben es alle gelegentlich auf die Spitze, wenn uns der Enthusiasmus übermannt. Zum Beispiel hielt ich mich einmal im Staat Orissa im Osten Indiens auf, wo ich an einer viermonatigen Zeremonie im Ripa-Kloster beteiligt war. Das Ripa-Kloster ist der Sitz einer wichtigen tibetisch-buddhistischen Linie, der die Familie meiner Frau vorsteht. Die Rituale begannen um fünf Uhr morgens und dauerten bis halb neun oder neun Uhr abends.

Gastgeber war der bekannte Lama und Führer der Gemeinschaft Jigme Rinpoche, der Bruder meiner Frau. Er wusste, dass ich gern laufe. Bei meiner Ankunft teilte er mir mit, er habe eine Überraschung für mich, und als ich meine Unterkunft betrat, fand ich dort zu meinem Erstaunen ein Laufband vor. Ich weiß nicht, wie er es dorthin befördert hatte, aber ich war sehr glücklich, es zu sehen. Und ich war mir sicher, dass ich es in den nächsten Monaten gut nutzen würde.

Die einzige Zeit, in der ich laufen konnte, war entweder sehr früh am Morgen oder spät in der Nacht, und die Hitze und Feuchtigkeit in Indien schienen nie nachzulassen. Das Laufband stand an einem sehr beengten Platz. Dazu kamen noch gelegentliche Stromausfälle, weil die Gemeinschaft einen Teil ihrer Elektrizität von Generatoren bezieht.

Ich entwickelte eine gute Laufroutine auf dem Laufband zu festgesetzten Zeiten, lief aber meist weniger als eine Stunde lang. Nach etwa drei Wochen in diesem Kloster hielt ich es für eine gute Idee, meine Laufzeit einmal zu verlängern. Also lief ich etwa eine Stunde und fünfundzwanzig Minuten. Dafür musste ich um drei Uhr morgens anfangen. Zu allem Übel nahm ich Medikamente gegen Malaria und bekam nachts nur vier bis fünf Stunden Schlaf. Ich beendete mein Lauftraining gegen halb fünf Uhr morgens. Zwar war ich ein bisschen müde, aber es ging mir scheinbar gut.

Das einzige Problem war, dass ich nun einen Sechzehn-Stunden-Tag vor mir hatte. Solche Zeremonien können mit all dem Rezitieren und den rituellen Bewegungen sehr kompliziert werden. Dazu kam, dass ich vorn im Raum vor einem sehr großen Publikum für jedermann sichtbar auf einem Thron saß.

Gegen Ende des Tages fühlte ich mich allmählich müde und schwindlig. Ich hatte es ganz klar übertrieben. Also ließ ich eine Weile lang das Laufen sein und konzentrierte mich auf Dehn- und Streckübungen. Ich nutzte das Laufband auch weiterhin während meines Aufenthalts, lief aber nicht mehr so lange.

Natürlich machen wir alle unsere eigenen Erfahrungen. Wenn wir uns nicht selbst genug antreiben, entwickeln wir uns nicht weiter, aber wenn wir uns zu sehr anstacheln, erleben wir Rückschritte. Das hinreichende Maß wird sich immer wieder ändern, es hängt davon ab, wo wir sind und was wir tun. So gesehen ist der jeweils gegenwärtige Augenblick immer irgendeine Art von Anfang.

8.
Motivation

Laufen und Meditation sind sehr persönliche Aktivitäten. Deshalb sind sie eine einsame Angelegenheit. Doch gehört diese Einsamkeit zu ihren besten Eigenschaften, denn sie stärkt den Anreiz, uns selbst zu motivieren. Das tibetische Wort für »Motivation« ist *künlong*, was wörtlich das »Sich-über-etwas-Erheben, Über-etwas-Aufsteigen« bedeutet. Es ist buchstäblich jener Aspekt unseres Geistes, der sich erhebt und der Lage gewachsen zeigt. Dieser Augenblick der Inspiration – wenn wir wissen, was wir tun und warum wir es tun – ist wie ein von uns abgeschossener Pfeil. Wo der Pfeil sich auch hinwendet, unsere geistigen und körperlichen Truppen werden ihm folgen.

Wenn ich die Leute in Meditation unterrichte, bitte ich sie, ihre Motivation zu kontemplieren, denn meinem Gefühl nach ist bei all unserem Tun der Augenblick entscheidend, in dem wir unsere Motivation erkennen. Die Kontemplation ist einfach: »Was tue ich? Warum tue ich es?« Auch die Entdeckung, dass wir uns nicht sicher sind, worin unsere Motivation besteht, oder dass wir gar keine Motivation haben, ist ein sehr aussagekräftiges Zeichen. Ob wir nun zehn Minuten oder zehn

Tage lang meditieren, die Motivation ist ein wesentlicher Bestandteil.

Dasselbe gilt für das Laufen. Nur ein einziger Augenblick guter Motivation lässt uns aufstehen, durch die Tür gehen und zehn Kilometer laufen. Haben wir hingegen nur wenig Motivation, fällt es uns vielleicht schon schwer, überhaupt aus dem Bett zu kommen.

Anfangs schienen mir zwölf Kilometer eine lange Strecke zu sein. Als meine Trainerin Misty Cech und der Marathonläufer Jon Pratt mir den Vorschlag machten, einen Marathon zu laufen, fühlte ich mich eingeschüchtert. Zu jenem Zeitpunkt wusste ich noch nicht einmal genau, wie lange eine Marathonstrecke ist. Wie für so viele bedeutete für mich das Wort »Marathon« so viel wie »eine extrem lange Strecke«. Schon allein die Vorstellung machte mich müde. Meine Motivation war der Lage nicht gewachsen.

In dem Augenblick, als ich dachte: »Das kann ich«, ließ mich meine Motivation meinen geistigen Pfeil 42,195 Kilometer weit abschießen, und ich begann ernsthaft zu trainieren. Binnen Wochen hatte sich mein Geist an den Gedanken gewöhnt, einen Marathon zu laufen, und ich meldete mich für meinen ersten an – den Toronto Waterfront.

Eins der »Werkzeuge«, die wir durch die Meditation beherrschen lernen, ist die Fähigkeit, das richtige Maß an Motivation aufzubringen. Wir lernen, unseren Geist zu beobachten und darauf zu achten, was unseren Geist dazu bringt, motiviert zu sein, was seine Motivation nährt und aufrechterhält.

Es mag Menschen in unserem Leben geben, die uns motivieren, oder vielleicht geschieht es auch durch einen Film oder eine Fernsehshow. Als ich zum Beispiel den Sportlerfilm »Stunde des Siegers« sah, wollte ich sofort zum Laufen aufbrechen. »Without Limits«, die Geschichte des großartigen Läufers Steve Prefontaine, inspirierte mich auf ähnliche Weise. Obwohl sich derartige Inspirationsquellen in der Außenwelt leicht finden lassen, ist es letztlich doch besser, die Motivation aus sich selbst heraus zu entwickeln. Dann brauchen wir nicht immer auf die nächste Aufmunterung durch jemand anderen zu warten.

Zur Voraussetzung hat die Motivation lediglich die, dass ihr keine Grenzen gesetzt sind. In der Tradition der Meditationspraxis sprechen wir von drei Arten der Motivation: klein, mittel, groß. Für die »kleine Motivation« reicht es schon aus, darüber zu kontemplieren, dass die Meditationspraxis für uns selbst hilfreich ist: Wir können eine gute Einstellung entwickeln, die unsere geistigen und körperlichen Leiden lindern hilft. »Mittlere Motivation« bedeutet die Erkenntnis, dass wir die Meditation nutzen können, die Natur der Wirklichkeit zu entdecken, das, was all unserer Unbeständigkeit und unseren Gewohnheitsmustern zugrunde liegt. »Große Motivation« heißt schließlich, dass wir Erleuchtung erlangen wollen und damit allen Wesen helfen können. Bei der Übung zur Erweckung der Motivation geht es nicht nur darum, was möglich ist und was nicht, sondern darum, dass wir sehen, wie weit wir uns ausdehnen können. Beim Kontemplieren unserer Motivation erweitern wir unsere Einstellung dahin gehend, dass uns nun nicht mehr nur an uns selbst, sondern an der ganzen Welt gelegen ist.

Die Graduierung in kleine, mittlere und große Motivation lässt sich auf das Laufen und die Meditation gleichermaßen anwenden. Wichtig ist, dass wir Schritt für Schritt vorgehen. Wenn Sie zum Beispiel überhaupt keine Motivation verspüren, bedeutet die sofortige Ausdehnung zur »großen Motivation« vielleicht einen allzu gewaltigen Sprung. Fangen Sie also bei der kleinen an, wenn Sie sich geschickt motivieren wollen. Falls Sie müde sind und keine Lust zu laufen haben, würden Sie sicher noch müder, wenn Sie sich sagten, dass Sie fünfzehn Kilometer laufen sollten. Aber mit einer »kleineren Motivation« könnten Sie sich dazu überreden, dass ein zwanzigminütiger Lauf doch eigentlich drin sein müsste. Wenn Sie dann ins Freie gehen und lediglich zwanzig Minuten laufen, werden Sie zufrieden sein. Und nach zwanzig Minuten könnten Sie sogar feststellen, dass Sie nun doch gern dreißig oder vierzig Minuten liefen.

Motivation soll nun nicht als der Versuch dargestellt werden, uns selbst zu überlisten. Vielmehr ist dies eine Methode, den Geist auszudehnen, seinen Horizont zu erweitern. Jeder Lauf sollte mit einer Vorstellung verbunden sein. Es ist gut möglich, dass Sie sich zuzeiten stärker herausfordern und Ihre Motivation anheben sollten. Zum Beispiel sind Sie eine Strecke von fünfzehn Kilometern gelaufen und fordern sich nun mit der Motivation heraus, achtzehn oder zweiundzwanzig Kilometer zurückzulegen. Und selbst wenn Sie dann nur noch einen Kilometer weiter gelaufen sind, hat Ihre Motivation Sie doch vorangetrieben.

Ganz ähnlich können Sie sich durch die Motivation herausfordern, dreißig statt nur fünfzehn Minuten lang zu meditieren. Oder Sie erwecken in sich den Antrieb, genauer auf die Technik zu achten. Besinnen Sie sich darauf, warum Sie meditieren: um durch die Arbeit mit dem Geist die Aktivitäten Ihres Lebens ins Gleichgewicht zu bringen. Motivation bedeutet nicht einfach, dass Sie sich dazu bringen, auf dem Meditationskissen Platz zu nehmen.

Auch im Alltagsleben hilft uns das Beachten unseres Motivationsgrads. Wenn unsere Motivation beim morgendlichen Aufstehen sein sollte, dass wir so wenig Kontakte wie möglich haben, nach Hause kommen und dann, so bald es geht, wieder ins Bett sinken können, wird alles, was an diesem Tag geschieht, uns ein wenig gereizt und ärgerlich machen, weil uns alles irgendwie im Weg ist. Der Raum, der durch eine etwas größere Motivation entsteht – zum Beispiel die Motivation, den Tag zur Wertschätzung der Tatsache zu nutzen, dass wir leben –, erlaubt, dass so viel mehr geschieht. Wenn wir morgens nach dem Aufwachen unsere Motivation formulieren und erweitern, kann das unseren ganzen Tag positiv verändern.

Zusätzlich zur kleinen, mittleren und großen gibt es noch die kurz- und die langfristige Motivation. Wenn wir Großes erreichen wollen, müssen wir irgendeine Form einer langfristigen Motivation haben. Ohne diese kann die kurzfristige Motivation monoton werden. Wenn Sie zum Beispiel die langfristige

Perspektive haben, es bis zur Teilnahme an den Olympischen Spielen zu schaffen, wäre die Antriebskraft in Ihrem Dasein die, Ihr ganzes Training diesem Ziel zu widmen. Aus der langfristigen ergäbe sich Ihre kurzfristige Motivation: Sie würden täglich trainieren und die Messlatte stetig höher legen.

Wenn Sie hingegen eine langfristige ohne eine kurzfristige Motivation haben, könnten Sie sich überfordert fühlen, weil Sie über keine Methode verfügen, um sich auf Ihren langfristig angestrebten Punkt zuzubewegen. Dann würden Sie auch Ihre langfristige Motivation aus den Augen verlieren. Das hätte zur Folge, dass Sie weniger oft liefen oder meditierten. Diese Aktivitäten würden Ihnen nach und nach sinnlos oder als einfach zu viel erscheinen. Es ist ganz wesentlich, dass wir beide Arten von Motivation in einem ausgewogenen Verhältnis am Leben erhalten.

Wir haben immer eine Motivation. Wenn unser Antrieb, zu laufen oder zu meditieren, sich abschwächt, wird auf der anderen Seite die Motivation stärker, einfach nur so dazusitzen und fernzusehen. Das nennt man in diesem Fall »negative Motivation«, was im Grunde das Gegenteil der Motivation ist: Statt sich zu erheben, bricht der Geist in sich selbst zusammen. Wenn wir uns überlastet oder unmotiviert fühlen, kehren wir allerdings nicht nur zu einem neutralen Geisteszustand zurück. Vielmehr sinkt unser Geist regelrecht ab. Dabei handelt es sich nicht gleich um eine Depression; aber der Geist findet Gründe, warum er etwas *nicht* tun kann – im Gegensatz zu den Gründen, *warum* er etwas tun kann. Wenn unser Geist in dieser

Weise absinkt, haben wir uns eher etwas ausgeredet statt zu etwas überredet. Die Meditation hilft, diese Veränderungen in unserer mentalen Einstellung zu erkennen. Nach einer Weile können wir sie auch beim Laufen wahrnehmen.

Sowohl beim Laufen als auch bei der Meditation liegt der Erfolg in der Fähigkeit, unsere Motivation richtig einzusetzen. Dabei geht es nicht notwendigerweise darum, sie so zu kanalisieren, dass sie zum Antrieb wird, erfolgreich zu sein; das wäre reiner Ehrgeiz. Vielmehr geht es darum, uns sehen zu lassen, was möglich ist.

Als ich zusammen mit Tausenden anderen, die hart trainiert hatten, meinen ersten Marathon beendete, lag ein Teil der Freude in der Erfahrung, dass wir unsere Motivation erfüllt hatten. Nämlich die Motivation, dabei zu sein. Mit der richtigen Motivation gelangen wir ganz natürlich zum Erfolg. Das war es, was am Tag jenes Marathonlaufs dieses Lächeln in alle Gesichter zauberte. Mit der geeigneten Motivation sind wir alle Gewinner.

9.
Marathon

Das Hauptziel bei meinem ersten Marathon, dem Toronto Waterfront, bestand ganz einfach darin, ihn zu Ende zu bringen. Es war ein kalter, grauer Morgen, und ich befand mich in Begleitung meiner Trainerin, der stets fröhlichen Misty Cech, des erfahrenen Marathonläufers Jon Pratt und des professionellen Skilangläufers Nick Trautz. Wir hatten alle den Sommer über trainiert, und wir waren durchaus in einer Stimmung der Vorfreude.

Die Leute schienen erstaunt zu sein, dass ein tibetischer Lama einen Marathon laufen wollte. Mitglieder des Toronto Shambhala-Zentrums und der örtlichen tibetisch-buddhistischen Gemeinde hatten sich bereit erklärt, den Lauf zu unterstützen und uns unterwegs Wasser und Energie-Gel zu reichen. Viele von ihnen waren ebenfalls noch nie zuvor bei einem Marathon gewesen, also war es ein Tag der ersten Male und großer Neugier und Aufregung.

Als wir uns in der Kälte dehnten und streckten, herumjoggten und auf den Start warteten, beschloss ich, mir ein Paar neue Socken anzuziehen, ohne die Devise zu beherzigen, die da lautet: »Nichts Neues am Tag des Laufwettbewerbs.« Unglücklicherweise sollte ich bald darauf verstehen wieso. Aber da ich im Wettbewerb unerfahren war, dachte ich, für meinen ersten Marathon wäre ein neues Paar Socken gut.

Wir betraten den Startbereich. Der Startschuss fiel. Zunächst gab es nicht viel Bewegung, da wir uns ja im Hauptfeld befanden, aber dann liefen wir uns frei, und los ging's. Ich war nervös, denn an diesem Tag würde ich eine längere Strecke laufen als je zuvor in meinem Leben. Meine Strategie als Läufer bestand darin, nicht zu schnell loszulegen. Meine Strategie als Meditierender war die, während des ganzen Laufs präsent und entspannt zu bleiben. Viele Läufer zogen an uns vorbei.

Gemeinsam mit Tausenden von Läufern liefen wir durch die Straßen Torontos. Nach etwa eineinhalb Kilometern rief jemand von seinem Fahrrad herunter: »Nur noch vierzigeinhalb Kilometer zu laufen!«, was nicht besonders tröstlich war. Ich lief die ersten Kilometer ganz gut, merkte aber bald, dass die Socken an meinen Fußsohlen scheuerten. Nach etwa neun Kilometern begann sich eine Blase zu bilden. Misty fragte, wie es mir ginge. Abgesehen von der Blase fühlte ich mich gut, wusste aber, dass sie meinen Lauf gefährden konnte.

Bald spürte ich, dass die Blase nunmehr meinen linken Fußballen bedeckte und sich langsam in Richtung Fußsohlenmitte vorschob. Mein Fuß pochte schmerzhaft. Als Jon mich fragte, wie es mir ginge, wusste ich, dass er sich nur Sorgen machen würde, wenn ich die Blase erwähnte. Also antwortete ich, es ginge mir gut.

Wie ich von meinem Meditationstraining her wusste, durfte ich nicht zulassen, dass der Schmerz sich meines Geistes bemächtigte. Deshalb achtete ich auf das Gefühl von Schmerz, ließ ihn aber nicht meinen geistigen Raum beherrschen. Es war ein empfindliches Gleichgewicht: Ich wollte den Schmerz nicht ignorieren, blieb also bei ihm, konnte aber gleichzeitig nicht zulassen, dass er mich in Beschlag nahm. Also konzentrierte ich mich auf mein Glück, in ausreichend guter Form zu sein, um einen Marathon laufen zu können. Und ich war dankbar für den kühlen Tag und die Anwesenheit meiner Mitläufer.

Nach etwa achtzehn Kilometern wusste ich, dass ich eine Entscheidung treffen musste. Wenn ich weiter an diesem Lauf teilnehmen wollte, musste ich die Blase zum Platzen bringen. Ohne die anderen merken zu lassen, dass mir mulmig zumute war, stampfte ich mit dem Fuß hart auf, bis ich spürte, dass die Blase platzte. Dann konzentrierte ich mich einfach nur noch darauf, den Marathon zu Ende zu laufen.

Der Hauptteil der Strecke führte die Yonge Street entlang, eine der längsten Straßen in Nordamerika, die ins Zentrum Torontos führt. Als ich um eine Ecke bog, sah ich einen Mann auf einem Fahrrad, der auf die vorbeikommenden Läufer einschrie. Ich fragte mich, ob er wohl verrückt war, aber er war einer von den »Mutmachern auf Rädern«, die da waren, um die Läufer anzufeuern. »Das ist der Moment, für den ihr trainiert habt!«, brüllte er.

»Recht hat er«, dachte ich. Nach all den vielen langen Trainingsstunden und mit nur noch ein paar Kilometern vor mir war ich entschlossen, den Lauf gut zu Ende zu bringen. Ich steigerte mein Tempo, und auf diesen letzten Kilometern überholten wir die Läufer, die am Anfang zu schnell losgelegt hatten und nun langsamer wurden. Unser gemäßigter Anfang zahlte sich aus.

Wir liefen unter dem Geschrei von Tausenden Fans ins Zentrum ein. Die letzten Kilometer kamen uns so lang vor, weil die Leute immer wieder riefen: »Ihr seid fast da!«, was aber nicht ganz zutraf. Endlich sahen wir die Ziellinie. Unsere Körper waren vollkommen erschöpft, doch wir erreichten das Ziel mit einem Lächeln. Alle in unserer Gruppe hatten es geschafft. Ich nahm meine Medaille für das Beenden des Marathons in Empfang. Leute steckten mir Bananen und Wasserflaschen zu. Ich ging hinüber zu der Stelle, wo unsere Fans und Freunde warteten. Alle waren überaus fröhlich und erstaunt, dass wir es geschafft hatten. Das war der Moment, in dem ich anfing zu humpeln.

Mein Arzt Mitchell Levy war da und wollte unbedingt sehen, wie es mir ging. Als ich ihm sagte, dass ich eine Blase am Fuß hätte, erwiderte er: »Das ist nicht so schlimm in Anbetracht dessen, dass du gerade einen Marathon gelaufen bist.« Aber als er sie dann sah, schrie er: »O mein Gott.« Hätte er seine professionelle Haltung besser bewahrt, hätte er wohl gesagt: »Das sieht nicht allzu schlimm aus«, doch es sah tatsächlich nicht gut aus. Die Blase zog sich fast vierzehn Zentimeter lang über meine Fußsohle hinweg. Socke und Schuh waren vollkommen blutverschmiert. Die anderen Läufer waren geschockt. Sie sagten, es wäre ihnen lieb gewesen, ich hätte ihnen etwas gesagt, aber das wäre sinnlos gewesen. Das war das dramatische Ende eines dramatischen Tages.

Wir kehrten ins Hotel zurück, wuschen uns und feierten mit einem Abendessen. Als wir uns zum ein paar Straßen entfernten Restaurant aufmachten, fragte mich unsere Gastgeberin Tara Slone: »Sir, möchten Sie zu Fuß gehen oder fahren?«

»Was glauben Sie?«, erwiderte ich lächelnd.

10.
Tiger, Schneelöwe, Garuda, Drache

Mit dem Laufen hatte ich eigentlich nur deswegen begonnen, weil ich mir damit etwas körperliche Bewegung verschaffen konnte. Doch ich merkte sehr bald, dass ich dabei gewisse Prinzipien anwandte, die ich bei meinen Meditationen erlernt hatte. Daraus entwickelte sich die Aufteilung meines Trainings in vier Phasen: Tiger, Schneelöwe, Garuda und Drache. In der Tradition des Shambhala-Pfades des Kriegers werden diese Geschöpfe die »Vier Würden« genannt. Sie stehen für die innere Entwicklung eines mutigen und tapferen Individuums. Hierbei geht es um die Entwicklung von Ausgewogenheit und Integrität. Das Resultat ist das »starke Windpferd«, *lungta* – die Fähigkeit, ein langes Leben, gute Gesundheit, Erfolg und Glück herbeizuführen.

Shambhala war ein uraltes Land in Zentralasien, ein mythologisches Königreich, in dem die Herrscher und Bürger eine hohe Ebene der Erleuchtung erlangt hatten. Es heißt, dass sich die ganze Gesellschaft auf die Prämisse der inhärenten grundlegenden Gutheit des Menschen gründete.

In den Shambhala-Lehren wird Gutheit als unsere Basis und

Brillanz als unser natürlicher Seinszustand vorgestellt. Qualitäten, die weder spirituell noch weltlich sind, sondern uns innewohnen – um aufgedeckt zu werden. Die Lehren Shambhalas sind über die Jahrhunderte hinweg tradiert worden. Ich bin ein Erbe und Linienhalter dieser Lehren, die sich durch die Vorstellung von Tapferkeit auszeichnen. Man lässt sich mutig und tapfer, doch ohne Aggression auf das Leben ein. Der Shambhala-Pfad ist somit ein Pfad des Kriegers.

Der Entwicklungsprozess des Kriegers nimmt seinen Anfang mit dem Tiger, der für das Prinzip der Achtsamkeit steht, was zur Zufriedenheit führt. In dieser Phase arbeiten wir an der Technik, daran, intensive Aufmerksamkeit walten zu lassen. In ihr bauen wir die Basis auf. Hier lernen wir, wie man sich oder etwas fokussiert. Gleichzeitig üben wir uns darin, es nicht zu übertreiben und simultan Sanftmut zu entwickeln. Kurzum, indem wir Achtsamkeit und Fokussiertheit einsetzen, akzeptieren und würdigen wir, wer wir sind.

Die Shambhala-Lehren besagen, dass der Tiger zu sich selbst freundlich und anderen gegenüber barmherzig ist. Im Kontext der Meditation heißt dies, dass wir uns selbst akzeptieren und andere wertschätzen. Freundlich zu sich selbst zu sein bedeutet im Zusammenhang mit dem Laufen, dass wir zu unserem stets in Bewegung befindlichen Geist freundlich sind. Barmherzig zu sein bedeutet, dass wir unserem Körper gegenüber erbarmungsvoll sind.

Der Tiger ist machtvoll, weil er vollständige Zuversicht verkörpert. Der Tiger ist nicht schlampig und achtlos, er stolpert nicht über Baumstämme und zerbricht keine Zweige. Vielmehr bewegt er sich mit Anmut und Kraft, was seine Ursache darin hat, dass er sein eigenes Wesen völlig beherrscht. Das ist das Prinzip von Verkörperung. Außerdem ist der Tiger außerordentlich umsichtig im besten Sinne des Wortes. Ich finde, das ist eine gute Beschreibung für die Anfangsphase des Laufens, bei der wir lernen, welche Kleidung zweckmäßig ist, wie wir unsere Körperhaltung beibehalten und wie viel oder wenig wir laufen sollen. Statt es voller Ungestüm zu übertreiben, überwachen wir sorgsam die Entwicklung von Präzision und Stärke.

Die nächste Phase ist die des Schneelöwen. Er wird mit Freude assoziiert. In Tibet wird der Schneelöwe dargestellt, wie er voller Überschwang auf mit Wildblumen bestandenen Wiesen des Himalajas herumtollt und die frische Bergluft genießt. Gemäß der Shambhala-Lehren ist diese Trainingsphase mit der Freude verbunden, die gutes Verhalten mit sich bringt. Der Schneelöwe zeigt die Macht und Kraft der Tugend auf: Mitgefühl und Güte sind stärker als Egoismus und Aggression.

Der Schneelöwe ist munter und keck, so sagen wir. Als Tiger haben wir hart gearbeitet, und jetzt genießen wir unsere Fitness und die damit einhergehende Freiheit. Wir haben ein starkes Fundament aufgebaut und wissen, wie man läuft, also können wir jetzt unsere Uhr ablegen und loslaufen. Da wir uns nun weniger darum kümmern müssen, wie viele Kilometer wir laufen oder wie rasch unsere Intervalle erfolgen, können wir die Natur, die Straßen und unser Lebendigsein genießen.

Die nächste Phase ist die des Garudas – eines mythischen

adlerähnlichen Vogels, der sowohl zwei Arme als auch Flügel hat. Wenn der Garuda aus dem Ei schlüpft, kann er sofort in jede Richtung losfliegen und alles unter sich überblicken. Traditionellerweise steht diese Gestalt für die unvorstellbare und ehrfurchtgebietende Macht des Geistes. Deshalb heißt es, dass der Garuda unerhört ist – unerhört nicht im Sinne von »rücksichtslos«, sondern von »ehrfurchtgebietend«. Wenn Meditation Praktizierende in die Garudaphase eintreten, versuchen sie nicht mehr herauszufinden, wie man meditiert; sie haben die Technik gemeistert und den Referenzpunkt von Hoffnung und Furcht überschritten. Für Läufer bedeutet diese Trainingsphase, dass wir kompetent und versiert sind. Jetzt können wir uns selbst herausfordern. Das kann zu so manchen unerhörten Läufen führen.

Der Drache steht für die letzte dieser vier Phasen. Er fliegt am Himmel, tritt immer mit den Wolken in Erscheinung und schafft so eine mysteriöse Aura. In den Kulturen Asiens ist er keinesfalls ein Geschöpf, das man fürchtet und erschlägt. Vielmehr steht er für Weisheit, Intelligenz, Voraussicht und Allwissenheit. In der Drachenphase unseres Lauftrainings gründen wir unsere Aktivität auf Intelligenz und Mitgefühl. Wir laufen nicht mehr um unser selbst willen, sondern zum Nutzen anderer. Wir dehnen uns aus, laufen gemeinsam mit anderen für wohltätige Zwecke oder eine gute Sache wie etwa den Weltfrieden.

Diese »Würden« sind insofern progressiver Natur, als eine zur anderen führt. Gleichzeitig schließen sie sich alle gegenseitig ein. In der Schneelöwen-, Garuda- oder Drachenphase lässt man nie den Tiger außen vor, da sich alle diese Konzepte wechselseitig bedingen. So gesehen finden wir zum Beispiel Elemente des Drachen auch im Tiger. Jede Phase betont jeweils einen bestimmten Aspekt, ohne die anderen auszuschließen.

Ich stelle beim Laufen fest, dass die Anwendung der Prinzipien von Tiger, Schneelöwe, Garuda und Drache meinem Training Vielfalt verleiht und es interessant und vergnüglich gestaltet. Die verschiedenen Phasen zu meistern verschafft mir auch große Befriedigung. Am wichtigsten aber ist die Tatsache, dass mir die Anwendung dieser Prinzipien die Möglichkeit gab, das Laufen zum Wohle anderer einzusetzen. Ich kann die Freude, die ich beim Laufen empfinde, mit dem Rest der Welt teilen. Wie Sie in den folgenden Kapiteln sehen werden, gibt es viele lang- und kurzfristige Möglichkeiten, diese einfachen Prinzipien anzuwenden – sowohl beim Laufen als auch bei der Meditation. Sie stehen für die Entwicklung von Geist und Herz, vom Anfang bis hin zur vollen Erleuchtung.

Teil II

Tiger

11.
Achtsamkeit

Eins der Schlüsselelemente beim Laufen mit meditativem Geist ist, dass wir unserem Geist und Körper Respekt entgegenbringen. In der Tigerphase richten wir den Fokus auf das Achtsamsein: Wir achten auf unseren Atem, die Körperhaltung, die Gedanken, die Gefühle und die Einstellung, mit der wir an unsere Aktivität herangehen.

Sowohl beim Meditieren wie auch beim Laufen zeigt uns die Phase des Tigers Aspekte unser selbst, die wir zuvor noch nie bemerkt haben. Wir erhalten einen vertraulichen Einblick in unseren Geist – in seine Stärken und in seine Schwächen. Der Tiger ist in seiner Bescheidenheit und Ehrlichkeit erfrischend.

Als ich zu meditieren begann, wurde ich aufgefordert, ganz genau darauf zu achten, wie sich mein Atem anfühlt: seine Beschaffenheit, das Gefühl, wenn er den Mund und die Nasenöffnungen verlässt, die Zeit, die es braucht, um auszuatmen, wie ich es empfinde einzuatmen. Mit Hilfe dieser schlichten Unterweisungen entwickelte ich die elementare Fähigkeit der Achtsamkeit: einfach für eine einzige, simple Aktivität präsent zu sein.

Wie schwer kann es sein, die Aufmerksamkeit auf das Atmen gerichtet zu halten? Am Anfang ist es eine ziemliche Herausforderung. Während Sie dem Atem folgen, werden Sie von Ihren Sinnen abgelenkt – vom Duft frischgebrühten Kaffees oder durch die Geräusche eines Busses. Diese Ablenkungen rühren die Gedanken auf, und der Geist hat die Neigung, ihnen nachzujagen. In diesem Augenblick haben Sie den auf Ihr Vorhaben gerichteten Fokus verloren: nämlich den Geist auf den Atem gerichtet zu halten. Hüpft Ihr Geist von dem, was er sieht, zu dem, was er hört, zu dem, was er denkt, dann ist das Ablenkung – der Dieb der Achtsamkeit.

Wenn wir Achtsamkeit trainieren, üben wir die Fähigkeit, uns auf ein Objekt zu fokussieren und dabeizubleiben. Wir trainieren einen »Muskel des Geistes«. Je mehr wir uns in Achtsamkeit üben, desto stärker wird sie. Am Anfang sind wir wie ein Kind in der Turnhalle: Wir können die zwei Pfund schweren Hanteln nur ein paar Sekunden lang halten. Unser Geist wird abgelenkt, und wir lassen die Gewichte fallen. Beim Krafttraining strengen wir uns immer weiter an und erhöhen das Gewicht; so wird unser Körper ganz natürlich und unausweichlich stärker. Ähnlich ist es bei der Meditation: Der Geist wird stärker, wenn wir uns kontinuierlich in Achtsamkeit üben.

Der beste Rat, den ich in dieser Tigerphase erhielt, war der, behutsam, sanft und freundlich zu sein. Wir widmen uns nicht dem Laufen mit meditativem Geist, um es uns selbst schwer zu machen. Ein mit dem Tiger assoziierter Shambhala-Slogan lautet denn auch: »Sei freundlich zu dir.« Gute Freunde haben unser Bestes im Sinn. Sie brüllen uns nicht an: »Du meditierst einfach erbärmlich!« Oder: »Laufen – das wirst du nie richtig lernen!« Vielmehr ermuntern und ermutigen sie uns, und sie erinnern uns wieder daran, warum wir überhaupt angefangen haben zu laufen oder zu meditieren. Sie helfen uns dranzubleiben. Und das Wichtigste: Ein Freund will, dass wir das tun, was für unseren Fortschritt am besten ist. Deshalb bedeutet freundlich zu uns selbst zu sein, dass wir uns ein wenig Spielraum lassen, dass wir ehrlich sind und uns den Humor bewahren. Eine Kombination von Achtsamkeit und Freundlichkeit ist ideal.

Wenn wir zu meditieren beginnen, können wir zunächst dreißig Sekunden lang beim Atem bleiben, dann fünfundvierzig und dann eineinhalb Minuten. Immer wieder besinnen wir uns sanft und freundlich darauf, dass wir Stärke aufbauen. Unser Geist wird langsam kraftvoller und damit auch achtsamer. Diese Achtsamkeit ist hilfreich für die Ausführung jedweder Aufgaben, weil unsere Sinneswahrnehmungen feiner, unser Gedächtnis und unsere Konzentration schärfer und wir fähiger sind, für andere umfassender da zu sein.

Ein noch größerer Nutzen, den die Entwicklung von Achtsamkeit mit sich bringt, ist der der Stabilität: Wir trainieren unseren Geist, bei seiner Absicht zu bleiben. Wir benutzen die Achtsamkeit wie eine Drachenschnur, um unseren Geist davon abzuhalten, dass er den Winden der – ob nun positiven oder negativen – Gedanken nachfolgt. Die Stabilität, die die Achtsamkeit mit sich bringt, lässt unseren Geist weniger hektisch und besorgt sein. Wenn die Leute sagen, dass die Meditation sie ruhig und gelassen macht, meinen sie oft diese Stabilität des Geistes. Ein stabiler Geist schafft die Grundlage dafür, dass wir glücklichere und zufriedenere Menschen werden.

Achtsamkeit bringt Zufriedenheit und Befriedigung. Wie ein Tiger in dem Moment, da er sich putzt, brauchen wir nichts anderes als das, was wir schon haben. Der Tiger ist sehr präsent. Wenn wir sehr präsent sind, strahlen wir mehr Gesundheit und Kraft aus. Wir fühlen uns geistig wohl. Einfach gesagt: Wir sind glücklicher. Deshalb meditieren die Menschen weiterhin – es bringt ein Grundgefühl von Gesundheit mit sich. In diesem gesunden Zustand erzeugt der Geist sehr viel wahrscheinlicher positive Gedanken, woraus auch positive Handlungen folgen. Tatsächlich befinden sich viele dieser guten Gedanken latent schon knapp unter der geistigen Oberfläche.

Wenn wir in der Meditation nicht fokussiert bleiben können, sind wir auch nicht achtsam, und dann werden wir einfach träge und geben schließlich auf. Und da wir uns selbst gegenüber nicht freundlich sind, machen wir es uns schwer, und die ganze Erfahrung wird zu einem schmerzlichen Erlebnis. Oder unsere Achtsamkeit fasziniert uns so, dass wir im Vergnügen daran ganz versinken. Wir haften daran, was uns wieder vom gegenwärtigen Augenblick ablenkt. Für sich genommen ist Achtsamkeit eine recht neutrale Handlung des Geistes. Wir können uns ihrer bedienen, um sie auf alles Mögliche zu lenken. Wenn wir das nicht können, ist es nicht die Achtsamkeit, die es uns schwer macht; der Missetäter ist vielmehr unsere Reaktion darauf, dass wir vom Fokus abgewichen sind.

Der Achtsamkeit ist es sozusagen egal, ob wir beim Objekt bleiben oder nicht. Also sollten auch wir sanft und freundlich mit uns selbst umgehen, wenn wir unsere Aufmerksamkeit vom Atem – oder was immer unser fokussiertes Objekt war – einmal abgezogen haben. Wenn Meditationsanfänger merken, dass sie nicht mehr präsent sind, gehen sie oft mit sich selbst zu hart ins Gericht, oder aber sie nehmen eine sehr saloppe Haltung ein. Man sollte mit dem, was da eben geschehen ist, besser freundlich, aber bestimmt umgehen. Das Überreagieren auf einen Mangel an Achtsamkeit löst das diskursive Denken aus. Der Schlüssel ist Sanftmut.

Wenn wir nicht nach Achtsamkeit streben, nicht ernstlich unseren Geist in der Meditation stabilisieren, werden wir auch nie die Erfahrung der Resultate machen. Dann fühlen wir uns vielleicht entmutigt und geben auf. Unser mal hierhin, mal dorthin springender Geist belastet uns auch körperlich. Wir sehen nervös und abgespannt aus, eher wie ein ängstliches Reh statt wie ein Tiger in seinen besten Jahren. Glücklicherweise ist es immer möglich, wieder Achtsamkeit walten zu lassen und zu uns selbst sanft, freundlich und bestimmt zu sein, indem wir uns wieder auf die damit verbundenen Vorteile besinnen.

In der Tigerphase beginnen wir unseren Charakter als Meditation Praktizierende und als Läufer auszubilden. Wir sehen deutlich, wie fokussiert oder unfokussiert wir sind. Wir nehmen allmählich wahr, wie viele Gedanken wir haben, und finden es oftmals überraschend, wie willkürlich, bizarr und auch negativ manche davon sind. Obwohl wir nun vielleicht laufen können, können wir doch nicht mehr vor uns selbst davonlaufen, weil wir entdeckt haben, wie man sich dabei fühlt, achtsam zu sein. Dieses Verständnis ist für den Erfolg auf dem Sitzkissen und auf dem Laufpfad unerlässlich. In den folgenden Kapiteln werden wir ergründen, wie wir Achtsamkeit auf das Laufen anwenden können.

12.
Körperhaltung

In der Tigerphase arbeiten wir an der Entwicklung der Stärke und Konzentrationsfähigkeit unseres Geistes. Wenn wir achtsam und sanft vorgehen, entwickelt der Geist die Fähigkeit zu wissen, was er tut. Beim Laufen ist es außerordentlich hilfreich, wenn wir unsere Aufmerksamkeit einfach nur auf unseren Laufstil richten, deshalb konzentrieren wir uns auf die Körperhaltung.

Dieser Teil Ihres Trainings besteht darin, dass Sie auf Ihre Körperhaltung schauen und sichergehen, dass der Körper richtig ausgerichtet ist. Die Körperhaltung erfordert, wie auch Ihre Haltung bei der Meditation, Balance und Symmetrie. Nimmt der Körper beim Laufen keine symmetrische Positur ein, können sich unnatürliche Winkel ergeben, die zur Folge haben, dass auf das eine oder andere Gelenk stärkerer Druck ausgeübt wird. Das kann zu Verletzungen führen.

Weil wir wegen ungeeigneter Stühle oder einer krummen Haltung beim Sitzen oder Gehen eine schlechte Körperhaltung einnehmen, kommt es oft zu verspannten Muskeln und einer ungleich verteilten Anspannung im Körper. Daher kann auch unsere Positur beim Laufen zu Anfang ungleichgewichtig sein und eine Fehlhaltung aufweisen. Indem Sie nunmehr Ihre Aufmerksamkeit darauf richten, wird sich bei Ihnen die Gewohnheit tief verwurzeln, eine gute Laufhaltung einzunehmen. Diese Achtsamkeit kann auch nach dem Laufen zu einer besseren Körperhaltung führen.

Beim Laufen gibt es eine Vielfalt an Ablenkungsmöglichkeiten, weshalb Sie nicht imstande sein werden, sich ständig auf Ihre Körperhaltung zu konzentrieren. Sie müssen vielleicht entgegenkommendem Verkehr ausweichen, auf die Uhr schauen oder einen Schluck aus Ihrer Wasserflasche nehmen. Bei der Tigerphase geht es darum, dass Sie einen höheren prozentualen Anteil Ihres Laufs der Konzentration auf die Form widmen.

Wenn Sie merken, dass Ihr Geist zu wandern beginnt und nicht mehr auf die Körperhaltung gerichtet ist, lenken Sie ihn mit jedem Atemzug darauf zurück. Es kann sein, dass Sie abgelenkt sind und nicht mehr daran denken, aber wenn Sie wieder wach werden – tun Sie es einfach. Wenn Sie fünfundvierzig Minuten laufen und sich darauf besinnen, den Geist auch nur fünfzehn Minuten lang auf die Körperhaltung gerichtet zu halten, hat das positive Auswirkungen auf Körper und Geist.

Es gibt eine Vielfalt an Lauftechniken, die ihren Schwerpunkt auf unterschiedliche Körperhaltungen legen. Ich habe eine Reihe von ihnen ausprobiert, komme aber immer wieder auf die Technik zurück, die ich bei der Meditation hilfreich fand: Ich fühle die Verbundenheit vom Nabel über die Herzmitte bis hinauf zum Mund und die Nasenöffnungen. Ich entspanne die Augen beim Laufen und verlagere meinen allgemein mehr im Kopf angesiedelten Fokus stärker in die Herzmitte. Ich lasse meine Augen sehen, meine Ohren hören und meine Nase riechen, ohne mich aktiv auf sie zu konzentrieren. Beim Kochen hingegen würde ich gerade diesen Sinnen besondere Aufmerksamkeit schenken.

Das Becken ist beim Laufen ganz leicht nach vorn geneigt, was mir erlaubt, die natürliche Rückenbiegung zu bewahren. Ich strebe an, eine gerade aufgerichtete Körperhaltung beizubehalten, und achte besonders auf Kopf und Schultern. Ich versuche, mich immer wieder daran zu erinnern, dass meine Lungen sich nicht nur im vorderen, sondern auch im hinteren Körperbereich befinden. Eine aufrechte Körperhaltung sorgt für den besten und effizientesten Einsatz des Herz-Kreislauf-Systems. Wenn wir bei der Meditation mit gekrümmtem Rücken dasitzen, führt das früher oder später nicht nur zu körperlichen Schmerzen, sondern unterstützt auch die Tendenz zu mehr abschweifenden Gedanken.

Weil wir mit dem Laufen in erster Linie eine Bewegung der Beine assoziieren, halten viele Anfänger ihren Oberkörper nicht aufrecht. Eine nach vorn gebeugte Körperhaltung führt zum Druck auf die Lungen und zwingt den Kopf, sich vorzustrecken, was vorn zu mehr Belastung führt und Sie aus dem Gleichgewicht bringt. Dadurch wird auch das Rückgrat unnötig belastet, und die inneren Organe erfahren eine Verkrampfung. Wie die Meditation ist auch das Laufen eine einzigartige Kombination aus Entspannung, guter Körperhaltung und Symmetrie. Wenn wir auf unsere Körperhaltung achten und hier ein wenig Disziplin walten lassen, kommen Freude und ein Gefühl von Frische auf. Eine gute Körperhaltung führt zu guter Meditation und gutem Laufen.

Anfänger meinen oft, dass sie schneller laufen, wenn sie ihre Beine besonders hoch anheben. Doch gutes Laufen hat damit zu tun, dass Sie wissen, welches spezielle Bemühen welches Ergebnis zeitigt. Wenn ich laufe, versuche ich, meine Beine gerade so hoch zu heben, dass ich zu einer effizienteren Schrittlänge komme. Das bedeutet so wenig Beinbewegung wie möglich. Wenn ich sprinte, gehe ich natürlich anders vor, um ein anderes Ergebnis zu erzielen.

Wenn Sie laufen und spüren, wie Ihre Füße auf dem Boden aufsetzen, achten Sie darauf, wie Sie »landen«. Kommen Sie mit der Ferse, mit der Fußmitte oder dem Fußballen auf? Wenn Sie zu extremer Pronation oder Supination neigen, können Sie diese Tendenz durch Achtsamkeit ausbalancieren.

Mein Osteopath Peter Goodman sagte eines Tages zu mir: »Sie haben sich durch die Kraft Ihrer Meditation dazu trainiert, jetzt in einem besseren Winkel aufzukommen.« Ich hatte die Tendenz, beim Laufen zu stark außen aufzukommen, konnte nun aber mehr in der Fußmitte aufsetzen. Das passierte nicht zufällig. Es geschah, weil ich darauf achtete. Natürlich haben wir alle unsere eigenen Tendenzen, und alle Körper sind unterschiedlich. So gesehen mag es keinen generell perfekten Laufstil geben, sondern jeweils den, der für Sie der beste ist.

Ich bin bewusst darum bemüht, beim Abrollen den Fußballen genau unterhalb der zweiten Zehe aufzusetzen. Wenn das geschieht, spüre ich die Drucklinie, die sich durch die Fußmitte, das Schienbein, den Oberschenkel und das Hüftgelenk hindurchzieht. Ich versuche, meine Hüften zu entspannen und daran zu denken, dass der Lenden-Darmbein-Muskel das Anheben des Beins in Gang setzt und dass dieser am Rückgrat bis zur Innenseite des Oberschenkels verlaufende Muskel tatsächlich hinter und unterhalb des Brustbeins beginnt. Ich visualisiere also, wie die Beine direkt unterhalb des Brustbeins, im Oberkörper und Rückenbereich ihren Anfang nehmen, denn hier beginnen diese der Hüftbeugung dienenden Muskeln, die die Beinbewegung initiieren. Eine solche Sichtweise hilft, die unteren und oberen Körperteile zu vereinen. Dann entspanne ich Arme und Hände und lasse sie natürlich schwingen. Wenn die Lauf- oder Gehbewegungen solchermaßen im ganzen Körper integriert sind, befindet er sich in einer fließenden Bewegung, so wie sich im Wind wiegendes Gras.

Wenn wir allzu sehr auf andere Aspekte unseres Lebens konzentriert sind, schenken wir unserem Laufen möglicherweise keine Aufmerksamkeit. Dann mangelt es uns vielleicht an Engagement und Konzentration, und nun kann es passieren, dass wir stolpern oder fallen. Deshalb setze ich vor Beginn eines Laufs mein Ziel oder die Zeitspanne fest, die ich laufen will. Dann versuche ich mich innerhalb dieses Rahmens zu entspannen und ganz bewusst von jedweden anderen Aktivitäten, Plänen oder Angelegenheiten Abstand zu nehmen. Das ist ein wesentlicher Bestandteil der Freude am Laufen und seiner positiven Auswirkungen.

Eine andere Technik, die Sie in der Tigerphase einsetzen können, besteht darin, dass Sie beim Laufen Ihre Atemzüge zählen. Finden Sie einen ruhigen Ort, lassen Sie Ihren Blick in einer für Sie angenehmen Distanz – etwa viereinhalb bis sechs Meter – vor sich ruhen, und halten Sie die Aufmerksamkeit auf jeden Zug des Ein- und Ausatmens gerichtet. Jeder volle Atemzug könnte zehn Schritte in Anspruch nehmen, vorausgesetzt, Sie sprinten nicht. Diese Praxis sollte in gemächlichem Tempo und auf einem Weg durchgeführt werden, auf dem nicht allzu viel Verkehr herrscht und auf dem man gut laufen kann.

Zählen Sie zehn Atemzüge, und kehren Sie dann wieder zu eins zurück. Das könnten Sie bis zu hundert Atemzüge fortsetzen. Wenn Sie merken, dass Sie in Fantasien abschweifen, lenken Sie Ihre Aufmerksamkeit wieder auf die Körperhaltung. Schauen Sie, wo Sie sich befinden, und spüren Sie den Boden unter Ihren Füßen. Schauen Sie auf den Pfad, den Bürgersteig und die Bäume. Richten Sie dann die Aufmerksamkeit erneut auf das Atmen: Nehmen Sie Ihr Tigertraining wieder auf. Finden Sie bei diesen Übungen zu einer guten Balance, konzentrieren Sie sich nicht allzu angestrengt darauf. Sonst könnten Sie stolpern oder ein Auto übersehen. Wenn Sie es allerdings mit dieser Technik zu locker nehmen, werden Sie feststellen, dass Sie in Gedanken abdriften.

Andere Tigerläufe könnten unternommen werden, indem Sie dabei keine Kopfhörer aufsetzen oder auf dem Laufband weder eine Zeitschrift lesen noch fernsehen. Oder Sie laufen still für sich und schweigen, wenn Sie ansonsten gewohnt sind, mit Freunden zu laufen und sich dabei zu unterhalten. Achten Sie stattdessen auf die Elemente. Ist es kalt, fühlen Sie die Kälte. Ist es heiß, fühlen Sie die Hitze.

Wenn Sie gewohnt sind, mit Kopfhörern zu laufen, und in Ihrem Körper leichte Schmerzen spüren, könnte das eine gute Gelegenheit sein, die Kopfhörer einmal abzunehmen und mit dem Geist zu arbeiten. Erkennen Sie, dass ein Großteil des Schmerzes mentaler Natur ist, und versuchen Sie, nicht in Panik zu geraten. Atmen Sie tief in den Schmerz hinein und entspannen Sie sich. Wenn Sie sich dehnen und strecken müssen, bleiben Sie stehen, und dann machen Sie ein paar Übungen. Verlangsamen Sie Ihr Tempo. In solchen Fällen hilft es, sich an die grundlegenden Vorteile zu erinnern, die das Laufen mit sich bringt. Versuchen Sie, sich wieder zu begeistern. Wenn negative Gedanken aufkommen, probieren Sie, sie durch positive zu ersetzen.

13.
Gefühle und Empfindungen

Anfänger bekommen beim Meditieren oft körperliche Probleme. Die meisten dieser Schwierigkeiten rühren daher, dass sie es nicht gewohnt sind, über längere Zeit hinweg still zu sitzen. Nach der anfänglichen Phase, in der sie sich niedergelassen haben und zur Ruhe gekommen sind, entsteht vielleicht eine kleine Verspannung im Rücken oder in den Knien. Oder Schmerzen entstehen. Oder sie merken, dass es irgendwo juckt oder sie sonst etwas irritiert.

Diese Phase ist als die Achtsamkeit auf das Fühlen bekannt und ein natürliches Entwicklungsstadium unserer Praxis. Solche Irritationen sind in ihrer Mehrheit geistiger Natur. Wir haben uns allmählich in unserem Körper niedergelassen, und unser Geist beginnt nun, subtile Schwankungen und Veränderungen in unseren Empfindungen und Gefühlen wahrzunehmen. Auf die meisten dieser geringfügigen Irritationen sollten wir gar nicht reagieren. Der Geist wird sich allmählich ganz natürlich entspannen. Falls er aber extrem gereizt wird, sollten wir die Körperhaltung verändern oder uns irgendwie bewegen oder uns kratzen. Mit der Zeit werden wir einschätzen können, was zu tun ist. Wenn wir aber über Fantasie und Sinn fürs Praktikable verfügen, können wir verschiedene Möglichkeiten ausfindig machen, wie wir unsere Meditationspraxis fortsetzen können, ohne dass ihr Erfolg durch Schwierigkeiten auf der körperlichen Ebene beeinträchtigt wird.

Auch beim Laufen werden wir anfänglich verschiedene Gefühle und Empfindungen wahrnehmen. Manche Läufer finden diese Gefühle beunruhigend oder verwirrend und versuchen, sie zu ignorieren. Das ist verständlich, da sie zuweilen unangenehm sind. Doch zumeist geht es bei diesem Unbehagen im Wesentlichen darum, dass der Geist körperliche Eigenheiten wahrzunehmen beginnt. Derartige Beschwerden und Schmerzen sind im Allgemeinen nur oberflächlicher Natur. Eher ist es so, dass wir fühlen, wie der Geist etwas wahrnimmt, als dass der Körper wirklich schmerzt. Achten Sie also auf diese verschiedenen Gefühle und Empfindungen, weil es bei der Achtsamkeit zum großen Teil darum geht, dass wir einfach nur zur Kenntnis nehmen, wie wir uns fühlen. Nehmen Sie Ihr Gefühl von Steifheit oder Ihre Schmerzen und Zipperlein in den Fokus. Dadurch, dass Sie sie akzeptieren, brauchen Sie nicht vor ihnen davonzulaufen.

Das Wahrnehmen der kleinen Unbehaglichkeiten ist in der Tat ein wichtiger psychologischer Schritt in Richtung Präsentsein. Sie haben sich vielleicht schon den ganzen Tag über verspannt gefühlt, aber jetzt, beim Laufen, sind Sie sich dessen vollkommen bewusst. Diese Achtsamkeit ist ein Zeichen für eine höhere Wahrnehmungsebene des Bewusstseins, auf der Sie imstande sind, jeden Gedanken und jedes Gefühl zur Kenntnis zu nehmen.

Indem Sie darauf achten, wie sich Geist und Körper fühlen, tragen Sie sowohl zu Ihrer eigenen Stärkung und Befähigung als auch zur Verbesserung Ihrer Laufpraxis bei. Dadurch, dass Sie diesen Respekt vor Ihrem Geist und Körper entwickeln, wird die einfache Übung des Laufens zu einer Reise der Entdeckung und des Wachstums. Wenn Sie achten und respektieren, wie Sie sich während Ihres Laufs fühlen, können Sie auch würdigen, wer Sie selbst sind in dem Dasein, das Sie führen.

Eine solche Achtsamkeit ist nicht nur eine Gehirnaktivität: Wenn Sie mit Achtsamkeit bei Ihren Gefühlen bleiben, statt zu versuchen, Ihren Geist abzulenken, wirkt sich das auch auf den Körper aus. Die auf den Körper gerichtete Achtsamkeit beginnt damit, die Sauerstoffzufuhr, das Nervensystem und die verschiedenen Kanäle anzuregen, die den Körper durchziehen. Somit schenkt Ihnen diese Ebene der Achtsamkeit ganz natürlich mehr Energie, Stärke und Vitalität.

Zu Anfang des Laufs fühlt sich der Körper vielleicht ziemlich angespannt und schwerfällig an. Dann wird er möglicherweise fließend und stark in seinen Bewegungen. Und schließlich wird er sich müde fühlen. Wenn wir auf diese Phasen achten, wird das Laufen nicht nur insofern zu etwas Kontemplativem, als wir uns weiterhin selbst entdecken, es lässt die Erfahrung auch interessant bleiben, was wiederum unserer Weiterentwicklung dienlich ist. Die moderne Wissenschaft hat uns gelehrt, dass unser Bewusstsein nicht nur im Gehirn angesiedelt ist, sondern den ganzen Körper durchzieht. Wenn Sie also auf Ihren Körper achten, achten Sie ebenso auf Ihren Geist und damit auch darauf, wer Sie sind.

Verletzungen lassen viele Gefühle und Empfindungen aufkommen und ereignen sich immer zur unrechten Zeit. Oft passiert es, wenn wir es am allerwenigsten erwarten. Die ersten Augenblicke nach einer Verletzung sind wichtig. Wir sollten uns so bald wie möglich eingestehen, dass wir verletzt sind. Dieses Eingeständnis ist keine Niederlage, sondern zeugt vielmehr von Mut. Wenn wir eine Verletzung ignorieren, kann die Genesung länger dauern.

Stecken wir mitten in einem intensiven Trainingsprozess, können wir auch oftmals wütend werden oder die Fassung verlieren. Hier kann Geduld unsere beste Freundin sein.

Gleichzeitig sollte eine Verletzung nicht als Entschuldigung dafür herhalten, dass wir überhaupt kein Körpertraining mehr machen. Wir könnten etwa zum Schwimmen gehen oder uns anderen Formen des Crosstrainings widmen. Wenn wir den Körper aktiv halten, unterstützt das die Genesung. Für eifrige Läufer jedoch kann das Stillhalten schon eine Herausforderung sein. Wenn sie keine Geduld haben, versuchen sie zu früh das Laufen wieder aufzunehmen, was zu Komplikationen bei der Verletzung führen kann. Die Wartezeit, bis eine Verletzung ausgeheilt ist, eignet sich ganz hervorragend für die Arbeit an unserer Meditation. Ich habe beobachten können, dass die Rekonvaleszenz eine Praxis für sich ist, bei der wir Tag für Tag feststellen, wie wir uns fühlen, und mit geeignetem Handeln darauf reagieren – was bedeuten kann, dass wir stillhalten. Wir können diese Zeit nutzen, um unseren Geist in Sanftmut und Bestimmtheit zu schulen.

Beim Training in der Tigerphase ergeben sich die Resultate daraus, dass wir freundlich zu uns selbst und achtsam gegenüber unserem Körper sind. Eine Herangehensweise, die sich in dem Maße, wie unser Körper kraftvoller und erfüllter wird, auch körperlich manifestiert. Wir haben beim Laufen mehr Charisma und Würde. Sportler mit guter Achtsamkeit gegenüber ihrem Körper strahlen als Folge davon Kraft und Stärke aus. Ihr Tigerelement zeigt sich. An diesem Punkt mag ein Sportler andere durch sein überragendes körperliches Können einschüchtern. Der Geist weniger selbstsicherer Sportler ist mit ablenkenden Gedanken beschäftigt, also wohnt ihrer physischen Manifestation weniger Kraft und Macht inne.

Eine Verkörperung findet dann statt, wenn der Geist den Organismus vollkommen erfüllt und Körper und Geist synchronisiert sind. Es ist das Gefühl, erfüllt und lebendig zu sein, ein intensives und machtvolles Gefühl. Wenn es eintritt, erkennen wir es. Aber wichtiger noch, wir fühlen es. Geist und Körper sind nicht voneinander abgekoppelt, sie sind nicht asynchron und liegen auch nicht im Widerstreit zueinander. Auf physiologischer Ebene gesehen sind unsere Muskeln praller, wir fühlen uns präsenter und kraftvoller. Wir haben das Gefühl, ehrfurchtgebietend zu sein wie ein Tiger in seiner Hochform. Im Gegensatz dazu gleichen wir, wenn unser Geist den Körper verlässt, einem Ballon, aus dem die Luft entwichen ist. Wir fühlen uns schlapp und schwach. Wenn wir nicht im Zustand der Verkörperung sind, sind wir äußerst anfällig für Unbeständigkeit und Sprunghaftigkeit.

Ist unser Geist in unserer körperlichen Aktivität verkörpert, wird Achtsamkeit das natürliche Ergebnis sein. Präsent und fokussiert zu sein ist dann ein Leichtes. Diese Tigerphase lehrt uns das Prinzip der Verkörperung. In Tibet nennen wir diese Verkörperung *lungta* oder »Windpferd«. Das Windpferd steht für die Macht, die der Egolosigkeit entspringt. Diese Ebene von Achtsamkeit bedeutet kein aufgeblasenes Ich, sondern einen Menschen, der achtsam – nicht abgelenkt – und verkörpert ist.

14.
Mit ganzem Herzen

Achtsam zu sein bedeutet nicht, einfach nur einen Fuß vor den anderen zu setzen und auf den Pfad zu achten. Hier geht es auch um unsere Einstellung gegenüber dem Laufen – die Wertschätzung und das Dabeisein mit ganzem Herzen. Weichen wir beim Laufen unserem Geist und unseren Gefühlen aus und versuchen wir dann, ein wenig Achtsamkeit walten zu lassen, mag das kurzfristig von Vorteil sein. Doch wenn wir uns nicht mit Begeisterung auf unser Tun einlassen, werden uns ein paar halbherzig ausgeführte Achtsamkeitstechniken allein auf Dauer nicht dabei helfen, den meditativen Geist beim Laufen einzusetzen.

Achtsamkeit besteht aus der vollen Wahrnehmung – daraus, dass wir wissbegierig und brennend interessiert sind. Dann ist unser Geist erfüllt von dem, womit wir uns befassen, was immer es auch sein mag. Das steht im Gegensatz zu einer Haltung, bei der wir nur zur Hälfte oder gar lediglich zu einem Viertel »erfüllt« sind. In diesem Fall kann man gar nicht von Achtsamkeit sprechen. Beim Laufen hat mangelnde Achtsamkeit zur Konsequenz, dass wir ins Stolpern geraten können. Bei der Meditation ist die Folge, dass wir durch einen Gedanken abgelenkt werden.

Achtsamkeit auf der Ebene des Tigers bedeutet, sich mit vollem Engagement dem Laufen zu widmen. Aus unserer Sicht demonstrieren wir mit dem Akt des Laufens, wer wir sind. Je mehr wir unser Tun als bedeutungsvoll erachten, desto bedeutungsvoller wird es auch sein. Ob es sich nun um einen kurzen oder langen Lauf handelt, die Einstellung, ihn mit ganzem Herzen durchzuführen, schafft Befriedigung und erzeugt Enthusiasmus und Vitalität.

Dieses Prinzip, »es mit ganzem Herzen zu tun«, wirft viele potenzielle Läufer und Sportler aus der Bahn. Da sie den Körper gegenüber dem Geist als nachrangig ansehen oder ihre körperliche Aktivität eher als Hobby oder als eine Pflicht einstufen, sind sie geistig nur halbherzig dabei. Wenn es dann schließlich konkret ans Laufen geht, ist nur ein Viertel ihres Geistes präsent, um mit hundert Prozent ihres Körpers fertigzuwerden.

Als ich zu meditieren begann, lernte ich eine entscheidende Lektion: Wenn ich das, was ich tue, nicht achte, wird es auch kein anderer respektieren. Weiterhin hat mir die Meditation gezeigt, dass jegliche Aktivität bedeutsam wird, wenn man erst einmal sich selbst und sein eigenes Tun respektiert – nicht als Egozentriker, sondern mit der gebührenden Wertschätzung und mit angemessenem Selbstwertgefühl. Das Leben sollte geachtet, gewürdigt, voll und in seiner Ganzheit gelebt werden, statt dass man sich selbst kasteit oder den Tag im Eiltempo durchjagt.

Ich strebe stets nach vollem Engagement, auch wenn ich mich aufs Laufband begebe. Da ich oft auf Reisen bin, habe ich schon viel Zeit auf Laufbändern verbracht. Ich bin auf manchen gelaufen, die wie Folterinstrumente aussahen – sie hatten keinerlei technischen Schnickschnack, da war nur das Laufband, hart und unbequem. In bestimmten Entwicklungsländern lief ich auf Bändern, die nicht einmal mit Elektrizität betrieben wurden. Und dann wieder auf solchen, die den Läufer an einem Schlüssel erkennen, den man hineinsteckt, und die sich individuell programmieren lassen. Einmal war ich auf dem Band, und jemand neben mir flog von seinem herunter, weil er stehen geblieben war, um eine Frage zu beantworten, die ich ihm gestellt hatte – Sie sehen, voll engagiert zu sein hat viele Vorteile.

Auch in Nepal habe ich schon nervenaufreibende Läufe auf dem Band absolviert, wo infolge der instabilen politischen Verhältnisse der Strom rationiert worden war. Da befand ich mich auf dem Laufband, und plötzlich blieb es stehen. In anderen Fällen wusste jedermann im Haus, dass ich lief, weil die Lampen plötzlich dunkler wurden, da allen Bewohnern nur eine bestimmte Stromspannung zugeteilt worden war.

Mit den Jahren habe ich auch gelernt, dass das Laufband eine exzellente Unterstützung und Begleitung für das Training sein kann, wenn man richtig damit umgeht. Als ich für den Napa-Valley-Marathon trainierte, habe ich mich sogar vor dem Laufband verbeugt, bevor ich draufstieg. Es war eine spielerische Geste im Wettbewerb und für mich Bestandteil meines vollen Engagements.

Oft sehe ich die Leute Kopfhörer einstöpseln und gedanklich abdriften, weil sie entweder ihren Geist abzuschalten oder sich zu unterhalten versuchen, bis der Körper mit dem Laufen durch ist. Natürlich kann ich an diesem Vorgehen nicht allzu viel kritisieren, da manche Läufer auf diese Weise unglaublich gut in Form kommen. Musik kann motivierend sein. Sie kann uns anregen und beleben und unseren Geist in Einklang mit dem Körper bringen. So gesehen macht sie das zu einem kraftvollen und inspirierenden Werkzeug. Gleichzeitig kann sie aber auch unser Training maskieren – sie kann unsere Aufmerksamkeit von unserem Tun abziehen und zu einer Quelle der Ablenkung werden. So mag sie also in gewisser Hinsicht hilfreich erscheinen, letztlich aber steht sie unserer Fähigkeit entgegen, im Hier und Jetzt und im Körper präsent zu sein.

Meine Herangehensweise ist die, dass ich das Laufen auf dem Band so interessant gestalte wie nur irgend möglich. Zwar ist noch nie jemand beim Laufen auf dem Band tatsächlich an ein geografisches Ziel gelangt, aber wir haben ja unsere Vorstellungskraft zur Verfügung. Ich merke, dass kurze Intervalle, die Einstellung von Steigungen und Gefälle, fünf Minuten hier oder zwei Minuten da, den Geist beschäftigt halten – und der Körper hat den Nutzen davon.

In unserer modernen Hochgeschwindigkeitsgesellschaft scheinen wir nichts voll und ganz zu tun. Wir sehen ein bisschen fern und beschäftigen uns gleichzeitig mit dem Computer. Wir fahren Auto und telefonieren dabei. Es fällt uns schon schwer, konsequent auch nur ein einziges Gespräch zu Ende zu führen. Wenn wir uns zum Essen niederlassen, lesen wir dabei die Zeitung oder sehen fern. Und selbst wenn wir nur vor der Glotze sitzen, wechseln wir immer wieder die Kanäle. Dieses Tempo führt dazu, dass wir das Leben als oberflächlich empfinden, wir erleben nie etwas voll und ganz. Wir widmen uns diesen Aktivitäten, um ein ausgefülltes Leben zu führen, aber bei all dieser Hetze und diesen Ablenkungen haben wir nie entdeckt, was ausgefüllt zu sein in Wirklichkeit bedeutet.

Da uns unser technologisches Zeitalter unendlich viele Möglichkeiten bietet, können wir auch ohne Ende abgelenkt sein. Da wir nichts mehr voll und ganz wahrnehmen und erleben, bekommen wir die negativen Auswirkungen dieses hysterischen Lebensstils zu spüren. Wir kriegen Verdauungsbeschwerden, weil wir zu hastig essen, wir geraten in Unfälle, weil wir während des Autofahrens telefonieren, oder es kommt zur Trennung von unserem Partner, weil wir es versäumt haben, ausreichend miteinander zu sprechen.

Die Meditation ist nicht nur eine einfache Technik zur Stabilisierung des Geistes. Vielmehr beschenkt sie uns auch mit der Entdeckung, wie wir uns voll und ganz engagieren können, selbst wenn wir dabei still und ruhig dasitzen. Ganz entschieden kann sie so auch beim Laufen eingesetzt werden, das eine unserer lebhaftesten Betätigungen ist. Aber wenn wir uns diesen beiden Aktivitäten nur halbherzig widmen und einfach nur versuchen, uns durchwegs abgelenkt zu halten, wird uns diese Lektion nicht zuteilwerden, und wir haben eine weitere kostbare Gelegenheit versäumt, in unserem Leben präsent zu sein.

Wenn wir laufen oder uns auf andere Weise sportlich betätigen, sind wir möglicherweise mit einer der persönlichsten und bedeutsamsten Handlungen befasst, die sich an diesem bestimmten Tag ereignen mögen. Mit ganzem Herzen zu laufen verwandelt unsere Übungszeit in etwas, das für Körper und Geist gleichermaßen gesund ist. In diesem Sinne bringt Achtsamkeit das Leben mit sich.

15.
Laufen gemäß den Gegebenheiten

Ich sage immer, dass eine Meditationspraxis, die man beibehalten kann, eine erfolgreiche Meditationspraxis ist. Es geht nicht unbedingt darum, möglichst lange zu meditieren oder ruhig und still sitzen zu können, wenn Sie die Praxis schon am nächsten Tag wieder aufgeben. Erst müssen Sie zu der Einstellung kommen, dass diese Aktivität für Sie wichtig ist. Dann sollten Sie sie zu einer täglichen Einrichtung machen, bei der Sie sich jeden Tag auf andere Weise motivieren.

Wie die Meditation behalten wir auch das erfolgreiche Laufen – oder eine andere Art sportlicher Betätigung – unser ganzes Leben lang bei. Die Fähigkeit dazu entspringt der richtigen Einstellung. Oft scheitert dieser Prozess daran, dass wir erst Feuer und Flamme sind und intensiv trainieren und dann die Lust verlieren und aufgeben. Der Tiger verbindet Meditation und Laufen als natürlichen Bestandteil der täglichen Routine, denn wenn wir beides kontinuierlich praktizieren, ist das gesund für Körper und Geist.

Wenn ich nach Asien reise, dauern die Flüge oft fünfzehn bis achtzehn Stunden. Ich versuche dann, mich zu dehnen und zu strecken, mich zu bewegen und zu trainieren. Auf einem der Flüge konnte ich leichte Gymnastikübungen machen, während alle anderen Passagiere schliefen. Nach zwanzig Minuten kam eine Flugbegleiterin auf mich zu. Ich dachte, sie würde mich nun bitten, mich wieder zu meinem Sitz zu begeben. Stattdessen aber sah sie mich an und sagte nur: »Ich glaube, ich muss auch mit einem Fitnesstraining anfangen.«

Regelmäßig zu trainieren ist eine Herausforderung, zum Beispiel wenn wir krank sind oder uns auf ein großes Projekt konzentrieren müssen. Es kann sein, dass wir in eine leichte sportliche Demotivation verfallen, wobei der Gedanke ans Training immer weiter wegrückt. Obwohl ich mein Leben lang ziemlich aktiv geblieben bin, weiß ich doch sehr gut, wie man sich fühlt, sobald man aerobisch nicht in Form ist. Wenn wir so viel sitzen, dass der Körper schon fast suchthaft daran gewöhnt ist, nicht fit zu sein, kann das Bemühen, sich wieder in Form zu bringen, zu einer echten, schmerzhaften Herausforderung werden. Die Anstrengung, deren es nun bedarf, um wieder fit zu werden, ist zweifelsfrei größer als die, die nötig ist, um in Form zu bleiben. Das Maß an mentalem und physischem Stress ist dann erheblich, und wir können sogar das Gefühl bekommen, es wäre bereits zu spät.

Im Grunde aber möchte der Körper gesund sein. Er ist von Natur aus aufs Überleben angelegt, und sobald wir unsere Routine wieder aufnehmen, wird er sich rasch anpassen, um wieder in Form zu kommen. In der Zwischenzeit müssen wir vielleicht die Vorgaben in Hinblick auf die Bedeutung, die das Training für uns hat, ein wenig modifizieren: Allein das Anziehen unserer Trainingskleidung und erste Dehn- und Streckübungen können einen Anfang bilden. Fünf, zehn oder fünfzehn Minuten Gehen oder Joggen können sich bereits unglaublich positiv auswirken. Schon dieses kleine bisschen Training schickt eine Botschaft an den Körper, dass es Zeit ist, weiterzukommen und sich zu verbessern.

Als ich in meine Studien vertieft war, befasste ich mich mit buddhistischer Philosophie und Metaphysik. Der gesamte Studiengang dauerte neun Jahre, was ich mir aber nie als Zeitspanne ohne Unterbrechung vorstellen mochte – das wäre zu überwältigend gewesen. Ich teilte sie in Jahre, Monate und Tage auf. Wenn ich unterrichte oder ein Meditations-Retreat veranstalte, versuche ich auch jetzt noch, in meinem Bemühen sehr präsent zu bleiben, indem ich die Einheiten in kleine Abschnitte unterteile. Auf diese Weise bleibt mein gegenwärtiges Tun für mich interessant, und die Bürde des gesamten Unternehmens wird nicht allzu drückend.

Ich finde es auch wichtig, mir einen Plan für das jeweils kommende Training zurechtzulegen, selbst wenn der Plan darin bestehen sollte, keinen Plan zu haben. Ohne Strategie einfach jeden Tag immer nur aufs Laufband zu hüpfen, kann uns dazu verführen, dass wir in den immer gleichen Trott verfallen.

Auch sollten Sie versuchen, das Ziel Ihres Tigerlaufs immer unmittelbar vor Augen zu haben. Gehen Sie mit einem Gefühl allgemeiner Wertschätzung an ihn heran, und suchen Sie sich dann kleinere Laufziele wie einen Baum, ein Haus oder eine

Hügelspitze aus. Es gibt Ihnen ein Gefühl von Befriedigung, wenn Sie dann dort ankommen. Nach einer Weile bauen diese kleinen Erfolge aufeinander auf. Ihre Willenskraft wird stärker, und Ihre Fähigkeiten nehmen zu. Wenn Sie bis dahin gekommen sind, werden Sie vermutlich auch den Rest des Wegs schaffen. Ist die Situation hingegen umgekehrt und unterlief Ihnen eine Reihe von kleinen Missgeschicken, werden Sie sich am Ende des Tages müde und entmutigt fühlen. Solche kleinen Momente spielen durchaus eine Rolle: Sie beginnen Einfluss auf unseren Geisteszustand zu nehmen.

Eines der besten Rüstzeuge, um die Kontinuität des Trainings zu gewährleisten, ist Sanftmut. Rügen Sie sich nicht, wenn Sie nicht gelaufen sind. Gleichzeitig müssen Sie aber auch bestimmt sein, damit Sie sich nicht durch einen Mangel an gesunder Aktivität schädigen. Weise Menschen halten die Balance, törichte verfallen ins Extrem. Wir machen alle Zeiten durch, in denen wir töricht sind, und sind zuweilen auch weise. Aber wenn unser Laufsport auf Dauer angelegt sein soll, müssen wir weise sein.

Weise zu sein heißt, dass Sie tun, was gut für Sie ist. Das muss nicht unbedingt heißen, die beste Trainingsmethode zu befolgen. Versuchen Sie, individuell die Balance zwischen zu großer Angespanntheit und zu großer Lethargie zu finden. Auch bei der westlichen Herangehensweise ist zu viel Schlaf schlimmer als zu wenig. Das Gefühl von Vitalität entsteht durch einen guten Blutkreislauf und die optimale Aufnahme von Nahrung und Wasser, und sportliche Betätigung steigert beides.

Das Gefühl von Trägheit und Schwerfälligkeit, das wir zu Beginn des Trainings haben, ist oft nicht nur auf eine Stagnation der Muskeln, sondern auch der Organe zurückzuführen. Gemäß den Lehren der traditionellen chinesischen Medizin ist Stagnation die Ursache für viele Krankheiten. Häufig lässt sich das Gefühl von Trägheit der Leber zuordnen, die für mehr als hundert Arten von Stoffwechselprozessen verantwortlich ist und als »General« der Organe betrachtet wird.

Wenn wir noch spät am Abend essen und trinken, signalisiert dies der Leber, dass sie weiterarbeiten muss. Deshalb schlafen wir dann schlecht und wachen nur zögerlich auf. Die Leber wird müde und muss Überstunden machen. Verschaffen wir uns keine Bewegung, verschlimmert das die Stagnation noch, weil die Gifte langsamer verarbeitet werden. Das System ist überladen, was zu unserem Schweregefühl beiträgt. Zwanzig oder dreißig Minuten körperliche Bewegung reichen oft aus, um die Dinge in Gang zu setzen. Auch in Fällen, in denen wir nur leicht erkrankt sind, ist Bewegung hilfreich. Es muss ja kein voller Lauf sein.

Ähnlich verhilft uns die Meditation, wenn wir unseren Geist mit zu viel Fernsehen oder Streiterei vergiftet haben, zu einer Zeitspanne, in der wir den Geist reinigen und läutern, die Emotionen neu einstellen und aufs Neue festsetzen können, was wichtig für uns ist.

Bei meinen vielen Reisen kann ich nur schwer einem festgelegten Trainingsprogramm folgen, also muss ich mein Programm meinen Reisen anpassen. Das lernt man mit der Zeit.

Zum Beispiel möchte man nach einem Flug nicht zu hart trainieren, weil der Körper aufgequollen ist. Um mein Training aufrechtzuerhalten, nehme ich ständig winzige Anpassungen vor und laufe den Gegebenheiten entsprechend. Auch wenn Sie nicht viel reisen, passiert immer wieder irgendetwas, was Sie von Ihrem Lauftraining abhält. Erst sind Sie zu beschäftigt, dann bekommen Sie eine Erkältung, und schließlich ist das Wetter schlecht.

Wenn wir bei unserer Laufroutine häufig Anpassungen vornehmen müssen, sollte das nicht unbedingt ein Problem sein. Es kann auch Vergnügen bereiten, weil das Ganze so interessant bleibt. Im Gegensatz dazu gab es auch Zeiten, in denen ich mich in intensiven Meditations-Retreats befand und ganz besonders früh aufwachen musste, um zu irgendeiner Form von körperlicher Bewegung zu kommen. Selbst unter diesen Umständen führen kleine Veränderungen im Zeitplan dazu, dass die Dinge interessant bleiben. Hindernisse müssen nicht unüberwindlich sein, und unser Laufen und unser meditatives Wesen werden von solchen Herausforderungen nach vorn gebracht.

16.
Tu's einfach – mit Sanftmut

Mit dem Sport verbindet sich oftmals eine aggressive Komponente, wie sie sich zum Beispiel im Slogan »Just do it!« der Sportartikelfirma Nike widerspiegelt. Den gleichen Rat habe ich ebenso in alten Texten zur Meditation gefunden. »Tu's einfach«, sagte mein Vater auch häufig zu seinen Schülern. Das ist nicht unbedingt eine Anweisung, aggressiv oder draufgängerisch zu sein. Manchmal müssen wir etwas einfach nur machen. Die Frage lautet dann: »Wie sollen wir es tun?«

Meine Meditationslehrer lehrten mich, dass man mit Aggressivität manches erreichen kann, mit Sanftheit, Behutsamkeit und Güte aber alles. Das englische Wort *gentleness* hat viele Bedeutungen: »Sanftheit«, »Sanftmut«, »Behutsamkeit«, »Milde«, »Freundlichkeit«, »Güte«, »Liebenswürdigkeit« etc.. In der Tradition der Meditationspraxis wird es mit Weisheit und Kraft assoziiert, weil man es als Gegenmittel zur Aggression betrachtet. Sanftheit ist wie Wasser – sie wird schließlich ihr Ziel erreichen. Aggression ist wie Feuer – sie flammt rasch auf, und dann ist sie weg. Da unser Körper zu etwa siebzig Prozent aus Wasser besteht, verfügen wir von Natur aus über viel Sanftheit.

Im Sport gilt Aggressivität als etwas Positives. Da heißt es zum Beispiel schon mal: »Du musst aggressiver sein«, was im Grunde bedeutet, dass man entschlossener sein soll. Manche Trainer würden sicher gern das Element der rohen Aggressivität eliminieren und nur das der Entschlossenheit nutzen, denn um entschlossen zu sein, muss man nicht aggressiv sein. Diese aggressiven Geisteszustände sind strapaziös. Sie beeinträchtigen unsere Urteilskraft. Wir sind dann emotionaler und weniger gut imstande, die Realität präzise zu beobachten. Wir interpretieren die Worte oder den Gesichtsausdruck anderer falsch und verstehen das Geschehen eher nicht. Und obwohl die meisten Menschen sicher allenthalben Gelegenheiten finden werden, wütend oder aufgebracht zu sein, ist eine solche Herangehensweise nicht die optimale Strategie.

Sportler befinden sich, wenn sie in Höchstform sind, im Allgemeinen in einem von Sanftheit und Entspannung geprägten Zustand, der Gewahrsein und Perspektive zulässt. Wenn wir »es« ein einziges Mal »einfach durchziehen« wollen, mag Aggressivität vonnöten erscheinen. Ein so verstandenes »Tu's einfach« birgt aber auch die Gefahr, dass wir uns durch einen übermäßigen Einsatz von Energie sogar verletzen können. Wenn wir etwas immer wieder tun wollen, sorgt nur die sanfte Vorgehensweise für Langlebigkeit und Erfolg.

Aggressivität ist die kurzfristige Scheinlösung für ein langfristiges Problem. Sanftheit ist beharrlich. Von daher ist Sanftheit ein Zeichen der Stärke, wohingegen Aggression häufig als Signal für Schwäche gesehen werden kann. Oft ist sie ein letztes

Mittel. Was bleibt dann noch übrig? Wenn Sie noch aggressiver werden, erwecken Sie den Anschein von Verrücktheit. Wenn Sie hingegen über Sanftheit und Sanftmut verfügen, gleichen Sie einem riesigen Ozean und haben sehr viel Macht.

Gehen wir mit Sanftheit ans Laufen heran, hält das den Geist davon ab, in übertriebene Selbstkritik oder andere Extremzustände zu verfallen. Sanftmut lässt uns die Belohnung im Auge behalten, ohne davon betört zu werden oder den Mut zu verlieren.

Verfügen wir über Sanftheit und Sanftmut, haben wir das Gefühl, ewig laufen zu können. Sind wir aggressiv, haben wir das Gefühl, nur bis zur nächsten Ecke zu kommen. Die Sanftheit lässt uns spielend lange laufen. Die Aggression lässt in uns die Sorge aufkommen, dass wir versagt haben, wenn es bei einem Lauf mal nicht klappen sollte.

Sanftmut führt dazu, dass wir nicht mehr gegen uns selbst kämpfen. Und wenn wir nicht mehr gegen uns selbst kämpfen, geben wir unser Bestes. Mehr können wir nicht tun. Tatsache ist, dass, wenn wir uns selbst gegenüber freundlich und sanftmütig sind, es uns überraschen könnte, wie viel wir zu tun vermögen. Unser Potenzial inspiriert uns.

Aggressivität hingegen ist oft die Folge persönlicher Unzufriedenheit. Wir kommen mit uns selbst nicht zurecht und gehen wegen der inneren Konflikte möglicherweise auf andere los. Diese Form der Aggression entsteht aus mangelnder Freundlichkeit uns selbst gegenüber. Sanft zu sein heißt, uns selbst zu ermuntern und zu ermutigen. Da Sanftheit eine bestimmte Ebene von Intelligenz impliziert, können wir unsere schlechten Gewohnheiten deutlich erkennen. Sanftheit erlaubt uns mehr Geschicklichkeit und räumt uns mehr Optionen ein, um unsere negativen Angewohnheiten überwinden und positive Gewohnheiten in uns verwurzeln zu können.

Sanftheit, Sanftmut und Freundlichkeit lassen sich mittels einfacher Gedanken entwickeln. Als Erstes wertschätzen und würdigen wir die Person, die wir sind, und freunden uns mit uns selbst an. Schauen Sie sich an, was Sie können, und lassen Sie sich nicht niederdrücken von dem, was Sie nicht können. Betrachten Sie es vielmehr als künftiges Abenteuer. Die Meditationspraxis ermöglicht das Eintreten einer solchen Entwicklung.

Als ich die Methode der Sanftmut und der Freundlichkeit beim Marathonlaufen einsetzte, konnte ich erkennen, dass ich für diesen Lauf wirklich trainiert hatte und absolut fähig war, ihn zu bewältigen. Ich war freundlich zu mir selbst, war gegenüber dem Schmerz und der Freude präsent und überschwemmte meinen Geist nicht mit endlosen Szenarien darüber, was alles schiefgehen könnte. Die Sanftmut ließ mich unvorhergesehene Hindernisse akzeptieren. Sie hielt mich davon ab, Selbstgespräche über einen Abbruch zu führen. Sie ließ mich die Zuversicht aufrechterhalten, ohne über Gebühr mit der eigenen Person beschäftigt zu sein und auch ohne den Lauf zum Objekt zu machen. Wenn ich den Lauf zum Objekt mache, wird er mein Gegner. Wenn ich einfach aus ganzem Herzen mit Sanftmut laufe, wird der Lauf zu meinem Verbündeten.

Sanftmut und Freundlichkeit erlauben uns, dass wir uns alle Aspekte des Geschehens im Umfeld zunutze machen und eine positive Basis ringsumher aufbauen.

Sanftmütig zu sein heißt zu verstehen, dass das Leben eine Reise ist, die fortwährende Aufmerksamkeit und Achtsamkeit verdient. Von daher sind es Sanftmut und Freundlichkeit, die uns gestatten, einen Marathon zu Ende zu laufen und uns nicht gleich unter Druck zu setzen, indem wir schon an den nächsten denken. Sanftmut bedeutet, »es einfach zu tun«, und zwar so, dass wir es immer wieder tun können.

17.
Mehr bewältigen, ohne sich mehr sorgen zu müssen

Die Leute haben verschiedene Vorgehensweisen, mit Stress umzugehen – Essen, Trinken, körperliches Training und seit geraumer Zeit auch die Meditation. Meditation, die gewiss zu den wichtigsten Methoden des Stressabbaus gehört, basiert auf dem Prinzip zu wissen, was der Geist bewältigen und was er nicht schaffen kann und wie man seine Fähigkeit steigert, mehr zu handhaben.

Meditation gründet sich aber auch darauf, dass man es nicht mit zu vielen Aktivitäten zu tun hat. Jeder hat ein ganz bestimmtes Maß an Aufgaben, die er bewältigen kann. Gewöhnlich gibt es einen Punkt, an dem die Sache kippt und das Handhabbare zur Überforderung wird, und zwar im Großen wie im Kleinen.

Mit dem Großen, dem »Makro-Level«, ist unser gesamter Lebenszyklus gemeint. Wenn wir heranwachsen beziehungsweise älter werden, erhöht sich im Allgemeinen das Maß an Stress, weil wir insgesamt mehr Aktivitäten in unser Dasein integrieren – Schule, Beziehung, Arbeit, Familie. Mit dem Kleinen, dem »Mikro-Level«, ist der aktuelle Alltag gemeint. Auch in sehr stressigen Phasen unseres Lebens werden einige Tage weniger anstrengend sein als andere. Und in weniger stressigen Lebensabschnitten wird es sicher Tage geben, an denen wir vor herausfordernden Aufgaben stehen.

Bei allem technologischen Fortschritt hat sich unsere Fähigkeit, mit Stress umzugehen, nicht unbedingt verbessert. Obwohl uns viele Technologien eine Hilfe sein sollen, erzeugen sie mit all ihren zusätzlichen Informationen und schnelleren Kommunikationsformen häufig sogar noch zusätzlichen Stress. Das gesteigerte Tempo und die Menge an Nachrichten führen zu mehr Sorgen – und mehr Sorgen führen zu mehr Stress.

Wir können Stress auf zwei Arten aufbauen: körperlich und geistig. Bei der Reduktion von geistigem Stress kann die Meditation bekanntermaßen eine erhebliche Rolle spielen. Wenn wir den Geist in der Meditation stärken, heißt das aber nicht unbedingt, dass wir ihn auch darin trainieren, mit mehr Sorgen fertigzuwerden. Sondern wir steigern seine Kraft und Flexibilität, damit er mehr handhaben kann, ohne sich mehr zu sorgen. Wie viel mehr? Der Überlieferung zufolge unendlich mehr. Ich habe Praktizierende getroffen, die viele Jahre ins Gefängnis gesperrt, gefoltert und geschlagen worden waren und hungern mussten. Sie alle sagten, dass der Schlüssel für ihr Überleben das Meditieren auf grenzenlose Liebe und grenzenloses Mitgefühl war. Auch Nelson Mandela vergab seinen Gefängniswärtern. Natürlich werden wir uns nicht alle als Heilige betrachten, aber angesichts dieser Beispiele können auch wir gewiss unseren Geist mit Hilfe dieser grenzenlosen Qualitäten ausdehnen.

Meditation ist nicht einfach eine Kammer, in der sich unser Stress auf wundersame Weise auflöst. Sie gleicht vielmehr einem Training. Wenn wir Gewichte stemmen, um unsere Armmuskeln aufzubauen, verstärkt sich beim Heben die Spannung in den Armen. Beim Herablassen können wir uns entspannen. Dann können wir wieder heben. Und so bedeutet auch die Meditation sowohl Intensivierung wie auch Entspannung. Wir stärken unseren Geist, indem wir auf den Atem zurückkommen, und wir entspannen, indem wir die Gedanken loslassen. Ein Schlüsselelement bei der Stressreduktion besteht in der Fähigkeit, gewisse Dinge loszulassen.

Wie ich schon sagte, gewöhnt sich der Geist an bestimmte Zustände – darunter daran, sich zu sorgen und zu überlasten. Den tibetischen Medizinlehren zufolge wirken sich negative Gedanken auf unser Nervensystem aus, somit auch auf unsere Muskeln und Organe. Es besteht ganz eindeutig ein Zusammenhang zwischen einem gesunden Geist und einem gesunden Körper, ebenso zwischen einem Ungleichgewicht im Organismus und Krankheiten. Wir verkörpern unsere Sorgen. Wenn Stress unser grundlegender Geisteszustand ist, dann überfordern uns sogar positive Ereignisse. Wir müssen das Loslassen lernen. Meditation trainiert uns darin. Auch durch das Laufen und das Zirkulieren des Sauerstoffs wird dieser innere Stress gelöst, in Bewegung gebracht und gereinigt. Auf diese Weise hilft uns das Laufen beim Stressabbau.

Im Allgemeinen nimmt das Empfinden von Glück mit zunehmendem Stress ab. Wenn wir mit weniger Aktivitäten befasst sind, sind wir weniger gestresst. Das heißt aber nicht unbedingt, dass wir glücklicher sind. Am häufigsten entspringt unser Glück dem Umgang mit anderen Menschen. Somit läuft alles letztlich auf Liebe und Freundlichkeit, Freunde und Familie hinaus. Unser Glück besteht nicht notwendigerweise in der Menge an Gütern, die wir haben – Glück ist die Fähigkeit, mit anderen das, was wir haben, zu teilen.

18.
Gehen und Yoga

Obwohl zwischen dem Gehen und dem Laufen ein großer Unterschied besteht, gelten viele der hier erwähnten Prinzipien auch für das Gehen, das wahrscheinlich die beste aller körperlichen Betätigungen ist. Gehen ist wenig belastend, fördert den Blutkreislauf und hilft, den Geist klarzubekommen. Wir sollten alle Freude an einem ausgiebigen Spaziergang haben und die Qualitäten von Achtsamkeit, Sanftmut und Freundlichkeit damit verbinden.

Das Gehen wird traditionellerweise als meditative Übung eingesetzt, da die Bewegung ausreichend langsam ist, um sich problemlos konzentrieren zu können. Oft wendet man es zur Unterbrechung von Phasen der Sitzmeditation an. Die hier von mir beschriebene Gehmeditation ist auch ein Geh-Yoga, bei dem die rechte Hand über die linke Faust gelegt und direkt unter dem Solarplexus platziert wird. Bei dieser Technik geht man langsam und behutsam, macht kleine Schritte und konzentriert sich darauf, dass man einen Fuß von der Ferse bis zu den Zehen aufsetzt, das Gewicht verlagert und dann den anderen Fuß aufsetzt. Mit der Bewegung der Beine und Füße, der auf den Körper gerichteten Achtsamkeit, geht ein Gefühl von Balance und Harmonie einher. Diese Gehmeditation ist eine Methode, um über die Verlangsamung des Geistes Körper und Geist zu vereinen. Sie bildet ein ausgezeichnetes Verbindungsglied zwischen Meditation und Laufen.

In Tibet und anderen Teilen der Welt betrachtet man lang währende Pilgerreisen, bei denen man zu Fuß von einer heiligen Stätte zur nächsten pilgert, als einen Weg zur Ansammlung großer spiritueller Verdienste. Werden diese langen Wanderungen mit der richtigen Motivation und Einstellung unternommen, können sie Mittel sein, den Körper von negativem Karma zu reinigen und im Geist Tugend zu erzeugen. Ich habe Pilgerreisen zu verschiedenen heiligen Stätten unternommen, bei denen ich den ganzen Tag zu Fuß unterwegs war. Solche Wanderungen bieten ein exzellentes Training und bereichern den Geist. Ich wandere auch gern ohne eine solche spirituelle Intention.

Meine Frau und ich unternehmen oft gemeinsame Spaziergänge. Ich mag zwar schneller laufen als sie, aber sie ist entschieden die sehr viel bessere Geherin. Es ist eine wunderbare Art, zusammen zu sein und gemeinsam etwas zu tun. Wir müssen nicht unbedingt dabei sprechen. Das Gehen kann sowohl eine Methode zur Klärung des Geistes als auch eine der Kontemplation sein.

Für mich bildet die Yogapraxis einen hervorragenden Ausgleich zum Laufsport. Laufen kann leicht zur Verspannung oder Verkrampfung von Hüften und Beinen führen. Yoga lockert sie wieder. Zudem bildet es einen guten Übergang vom Inaktiv- zum starken Aktivsein, wie es das Laufen ist. Die fließende Bewegung und das Halten bestimmter Stellungen bringen Gewahrsein in den Körper, machen eine geringere Sprunghaftigkeit des Geistes und mehr Synchronität – die Einheit von Körper und Geist – möglich. Abhängig davon, welche Art Yoga Sie auf welche Weise praktizieren, können die fließenden Bewegungen und das Halten bestimmter Stellungen eine neue Ebene des Gewahrseins mit sich bringen. Dadurch, dass Sie einen bestimmten Grad erreichen, sich mit Ihrem Körper wohl zu fühlen, können Sie mehr Kontrolle über Ihre Atmung und mehr Vertrautheit mit ihr entwickeln. Die Kontrolle über den Atem gewährt Ihnen den Zugang zum Geist. Haben Sie den Zugang zum Geist erlangt, können Sie Zugang zur Weisheit gewinnen. Auch schon sehr kurze Yogasitzungen wirken sich da positiv aus.

Wenn Sie in einer Gruppe am Yogaunterricht teilnehmen, lassen Sie sich vielleicht von anderen unglaublich biegsamen und gelenkigen Teilnehmern einschüchtern. Doch das ist deren Körper, und dies ist Ihr Körper. Vergleiche bringen hier nichts. Am Anfang geht es nicht so sehr darum, dass Sie Ihren Körper zur Biegsamkeit hintrimmen, als vielmehr darum, dass Sie Ihren Geist in den Körper holen, was ein Gefühl von Verkörperung schafft. Auch wenn Sie sich nicht besonders tief auf die Yogapraxis einlassen, können Sie doch davon profitieren, dass Sie Geist und Körper vereinen. Indem Sie einfach den Körper verschiedene Stellungen einnehmen lassen, auf die Bewegung und die Atmung achten, verbinden Sie sich automatisch mit einem natürlichen Gesundsein und mit Zuversicht.

19.
Zuversicht

Zuversicht zu haben bedeutet, dass man sich seiner Qualitäten sicher ist. Sowohl das Laufen wie auch die Meditation vermitteln uns dieses Gefühl. Bei beiden Aktivitäten kommt ganz natürlich Zuversicht auf, da wir die Erfahrung von Selbstsicherheit machen. Läufer wissen das, weil das Laufen eine optimistische Sportart ist: Wir glauben ganz fundamental an die Kraft des Körpers. Meditation ist ebenfalls eine optimistisch gesinnte Tradition: Wir glauben ganz fundamental an das Potenzial des Geistes. Im Tibetischen kennt man den Begriff der Zuversicht als *ziji*. Dieses Wort lässt sich auch mit »Brillanz« oder »Scheinen« übersetzen. Es drückt aus, wie sich Zuversicht anfühlt und wie es aussieht: Geistig scheinen und körperlich leuchten wir. Sowohl das Laufen als auch das Meditieren bringen unsere Strahlkraft zum Vorschein.

In der Meditation entspringt *ziji* der Gewissheit, dass wir fähig sind, das uns inhärente Potenzial zum Erwachen zu entdecken. Auf ganz grundlegender Ebene verfügen wir alle über Mitgefühl und Egolosigkeit. Obwohl wir viele Dummheiten begehen, die uns selbst und andere verletzen und schädlich sind, besitzt doch jedermann dieses Potenzial. In der Shambhala-Tradition des Kriegers ist dieses grenzenlose Potenzial als grundlegende Gutheit bekannt. Über den meditativen Geist entwickeln wir ein Gewahrsein dieser Urqualität. Wenn wir auf die Wärme und Weite unseres Seins vertrauen, sind diskursive Gedanken und Emotionen nicht so problematisch, weil unsere Sichtweise umfassender geworden ist. Angesichts dieser grundlegenden Gutheit und der daraus entstehenden Zuversicht scheint alles zu bewältigen zu sein, dem wir begegnen.

Ohne Zuversicht wirkt der Hügel riesengroß, haben wir aber Zuversicht, erscheint er ein bisschen kleiner. Ohne Zuversicht sind die Straßen des Lebens blockiert; alles scheint gewissermaßen ein Hindernis zu sein. Haben wir aber Zuversicht, so wird unsere Aktivität zu einem Pfad, und wir können uns in jegliche Richtung wenden. Haben wir mit dieser inhärenten Zuversicht erst einmal Bekanntschaft geschlossen, dann ist es egal, ob wir erst am Anfang oder kurz vor der Teilnahme an den Olympischen Spielen stehen. Und das hält unser ganzes Leben lang an.

Im Körper entsteht Zuversicht durch Bewegung, im Geist durch den Erwerb von Wissen. Ideal ist es, wenn wir beides pflegen. Es wird Zeiten geben, in denen wir nicht laufen können, weil wir uns verletzt haben. Und weil unser Körper die Quelle unserer Zuversicht war, sind wir dann vielleicht niedergeschlagen. Eine körperliche Verletzung wirkt sich auch auf unsere geistige Zuversicht aus. Wenn wir auf körperlicher Ebene ruhiggestellt sind, können wir trotzdem durch den Erwerb von Wissen geistig Zuversicht gewinnen. Erwerb von Wissen bedeutet nicht, dass wir den Geist mit Lesestoff beschäftigt halten und ihn mit nutzloser Information überschwemmen. Sollen die Belehrungen unseren Geist durchdringen, dann ist volles Engagement erforderlich.

Echte Zuversicht gründet sich auf die Einheit von Geist und Körper. Die beiden sollen an sich nicht voneinander getrennt aufgefasst werden. Wenn wir nur meditieren und studieren, verlieren wir allmählich das Vertrauen in unseren Körper. Wenn wir nur physisch trainieren, verlieren wir allmählich das Vertrauen in unsere grundlegende Gutheit und in unseren Intellekt.

Auch beim Laufen können wir die zwischen Geist und Körper bestehende Balance beobachten. Wenn wir unsere geistige Zuversicht verlieren, wird das Laufen schwieriger. Setzen Sie sich in diesem Fall umgehend ein Ziel, um sie wiederzuerwecken: »Ich werde bis zu dieser Hügelspitze laufen«, »Ich laufe bis zum nächsten Baum«, oder besinnen Sie sich auf Ihre Motivation, und erneuern Sie sie.

Haben Sie hingegen eine starke mentale Zuversicht und möchten sich ans Laufen machen, haben aber in letzter Zeit nicht trainiert, dann könnten Sie die Zuversicht in Hinblick auf Ihre physischen Fähigkeiten verlieren, wodurch dann auch Ihre geistige Zuversicht allmählich geschwächt wird. In diesem Fall sollten Sie jede Entmutigung im Keim ersticken, indem Sie eine Einschätzung Ihrer körperlichen Situation vornehmen. Bringen Sie sich in Erinnerung, dass die Nervenzellen des Körpers nach einer Auszeit ein bisschen schwerfällig sind und geweckt werden müssen. Vielleicht sind Sie sogar besser in Form, als Sie meinen. Schätzen Sie sich glücklich, dass Sie leben, und besinnen Sie sich darauf, dass Sie fähig sind, wieder zu trainieren. Ganz gleich, in welcher Verfassung Sie sind – ob Sie sich nun völlig außer Form oder durchaus fit fühlen –, es geht darum, dass Sie mit Ihrer Zuversicht in Kontakt bleiben. Es kann ja sein, dass Sie irgendwie eine schlechte Wahl getroffen haben und nun den Preis dafür zahlen müssen, aber wenn Sie achtsam sind, können Sie mit Ihrem Gefühl von Selbstsicherheit wieder in Kontakt kommen. So wird Zuversicht zu unserer geheimen Waffe.

Wir sollten mit unserer Zuversicht klug umgehen, denn jede Situation bietet uns die Gelegenheit, etwas mit Zuversicht und Selbstbewusstsein zu tun. Gleichzeitig sollten wir unsere Zuversicht nicht mit Draufgängertum oder Aggression vermengen. Die Zuversicht des Tigers führt nicht zum Versuch, andere zu dominieren. Vielmehr besiegt sie die eigenen Zweifel und steigert unsere erwachten, positiven Qualitäten.

Tigerkontemplation: Motivation

Bei der kontemplativen Meditation nehmen wir uns einen bestimmten Gedanken vor und fokussieren uns auf ihn. So wie wir bei der Sitzmeditation den Atem nutzen, wird hier der Gedanke zum Gegenstand der Meditation. Zu kontemplieren hilft uns, eine Frage zu klären oder eine bestimmte Haltung hervorzurufen. Es kann auch zu einer Einsicht, Offenbarung oder zur Transformation unserer Sichtweise führen. Doch allgemein ist der Grund für die Kontemplation der, den Geist in eine bestimmte Richtung zu wenden.

Ich empfehle Ihnen, im Kontext einer formalen Meditationspraxis mit der Kontemplation zu beginnen. Nachdem Sie eine Weile im ruhigen Verweilen gesessen haben, Ihr Geist zur Ruhe gekommen ist und sich nicht mehr so geschäftig und diskursiv gibt, rufen Sie sich ein Thema für die Kontemplation ins Bewusstsein. Wenn Sie mit der Kontemplation zu früh anfangen sollten, werden Sie das sehr schnell merken, weil es den Denkprozess verschärft. Es kommen sehr viel mehr Gedanken auf, was bedeutet, dass unser Geist diskursiver werden und somit weniger fokussiert sein könnte. Beginnen Sie jede

Meditationssitzung damit, dass Sie einfach dem Atem folgen, gehen Sie, wenn Sie können, zur Kontemplation über, folgen Sie dann wieder dem Atem, und beenden Sie schließlich die Meditation. Ich habe für jede Phase des Lauftrainings eine Kontemplation empfohlen – probieren Sie sie aus, wenn Sie möchten.

Nachdem Sie eine gute Meditationshaltung eingenommen und mit Hilfe des Präsentseins und der auf den Atem gerichteten Aufmerksamkeit Achtsamkeit und Gewahrsein praktiziert haben, rufen Sie sich für die Kontemplation in der Tigerphase die Frage »Worin besteht meine Motivation?« ins Bewusstsein.

Wenn Sie mit dem Laufen beginnen, halten Sie sie am besten einfach: »um in Form zu kommen«, »um zehn oder fünfzehn Kilometer laufen zu können« oder »um abzunehmen«. Ihre Motivation kann aber auch breiter angelegt sein, zum Beispiel: »um meine Lebensgewohnheiten zu ändern und gesünder zu werden.« Sie könnte auch darin bestehen, dass Sie Ihren Geist stärken und flexibler machen wollen; dass Sie imstande sein möchten, zwanzig Minuten lang still zu sitzen; dass Sie weniger zornig sein, nicht mehr von negativen Gedanken beeinflusst werden oder geistige Stille erleben wollen. Oder Sie möchten allgemein anfangen, ernsthaft mit Geist und Körper zu arbeiten. Diese Motivation kann größer werden während der Zeit, in der Sie sich in der Tigerphase befinden.

Haben Sie bestimmt, was Sie motiviert, dann bleiben Sie dabei. Wenn Ihr Geist abgelenkt wird, kehren Sie gedanklich zu Ihren Beweggründen zurück. Beginnen die Gründe für diese Motivation zu versickern, dann denken Sie wieder an Ihre Motivation, nämlich dass Ihr Vorhaben hilfreich ist und sich positiv auswirkt. Kontemplation ist im Wesentlichen ein Prozess, bei dem wir uns selbst von etwas überzeugen. Wir haben Bücher gelesen und Vorträge gehört, doch jetzt müssen wir unsere Motivation zu unserer persönlichen Angelegenheit machen.

Nachdem Sie sich innerhalb des Verlaufs der formalen Meditation mit dem Prozess der Kontemplation vertraut gemacht haben, versuchen Sie es mit einer Version davon während des Laufens. Das empfindet man nicht unbedingt ganz genauso, kann aber helfen, das Gefühl von Sinn und Zielgerichtetheit ins Laufen einzubringen.

Sie werden sich vielleicht nicht so stark konzentrieren oder so tief in die Kontemplation begeben können wie beim stillen Sitzen, aber Sie werden sich bis zu einem gewissen Grad fokussieren können. Wenn Sie Ihre Kontemplation sozusagen hinaus zu einem Lauf mitnehmen, dann lautet Regel Nummer eins, auch achtsam gegenüber dem Umfeld zu bleiben. Mit anderen Worten: Stolpern Sie nicht, und lassen Sie sich nicht von einem Auto anfahren. Der Lauf sollte damit beginnen, dass Sie auf das Gelände achten und darauf, wie Sie sich fühlen. Dann fangen Sie mit der Kontemplation an. Bei einem fünfundvierzigminütigen Lauf sind fünf oder zehn Minuten Kontemplation schon viel. Wenn Sie im Verlauf der Kontemplation zu einer bestimmten Schlussfolgerung oder einem bestimmten Gefühl kommen, dann denken Sie einfach weiterhin an diese Motivation, so zum Beispiel, dass Sie aus gesundheitlichen Gründen laufen. Das hilft, Ihre Absicht zu fokussieren und auch den Geist zu schulen.

Sobald Sie dann das Laufen besser beherrschen, können Sie Ihre Motivation erweitern und in einen größeren Kontext stellen, zum Beispiel, dass Sie einen 10 K, einen Marathon oder eine ganz spezielle Route bis zum Ende laufen wollen. Sind Sie ein fortgeschrittener Sportler, könnten Sie sich auch das Ziel setzen, sich für Meisterschaften auf kommunaler, regionaler oder nationaler Ebene oder sogar für die Olympischen Spiele zu qualifizieren.

Wenn Sie Ihr Lauftraining fortsetzen, könnte Ihre Motivation auch in eine tiefere Phase eintreten, in der Sie dann für ein umfassenderes Ziel laufen: um mehr über Ihren Körper und Geist zu verstehen, um Themen wie »Wer bin ich?«, »Was möchte ich in meinem Leben erreichen?« oder »Was ist der eigentliche Sinn?« nachzugehen. Das sind Fragen für den Drachen, die ich in Teil V besprechen werde.

Kehren Sie nach der Kontemplation einfach zur Achtsamkeit und zum Gewahrsein zurück, achten Sie auf die Form, und genießen Sie es, da zu sein.

Teil III

Schneelöwe

20.
Der süße Duft der Tugend

Eines Tages schlüpfte ich ganz natürlich und locker in meine Laufschuhe und verließ entspannt und unbeschwert das Haus. In diesem Augenblick wurde mir klar: »Ich muss in Form sein!« Ich war in die Trainingsphase des Schneelöwen eingetreten. In dieser Phase sind wir schon geübte Läufer. Wir haben nicht mehr so sehr zu kämpfen, das Laufen macht uns Freude. Dank der Anstrengungen des Tigers fühlt sich unser Geist nun gestärkt, und er ist neugierig.

Obwohl mir mein Laufen fast durchweg Freude bereitet hatte, betrat ich jetzt ein anderes Terrain. Nun konnte ich dreißig bis fünfunddreißig Kilometer laufen, wann immer ich wollte. Diese Entfernungen fühlten sich jetzt so an wie davor fünfzehn Kilometer. Ein paar Stunden lang zu laufen war herrlich. Ich entsinne mich, verschiedene lange Läufe durch die Berge Nordcolorados unternommen und die Landschaft zutiefst genossen zu haben.

Der Schneelöwe ist ein mythisches Geschöpf der tibetischen Kultur mit weißem Körper und türkisfarbener Mähne. Dieses Symbol verkörpert Vergnügen und Entzücken, Disziplin und

Glück. Auf den traditionellen Darstellungen hält der Schneelöwe kleine zylindrische Kugeln in seinen Tatzen. Diese stehen für die Freude sowie die Macht und Kraft des Geistes. Sie stehen auch für die Tugend und das Können, die man sich durch harte Arbeit aneignet.

Die Phase des Schneelöwen bedeutet, dass wir nun die Früchte all der Mühen genießen, die wir ins Laufen gesteckt haben, und aus unseren Anstrengungen Nutzen ziehen. Es ist gleichsam so, als hissten wir unsere Fahne auf einem Berggipfel. Wenn wir der Tatsache keine Anerkennung zollen, dass wir diesen Ort erreicht haben, werden wir vielleicht ewig Getriebene sein, die nie Befriedigung finden. Es ist also an der Zeit, zur Kenntnis zu nehmen, dass wir etwas geleistet und erreicht haben. Davor erforderte unser Laufen mehr Konzentration und Anstrengung; jetzt geht es ganz natürlich und locker vonstatten. Es überrascht uns fast, wie geübt und kompetent wir geworden sind: Wir genießen unseren Lauf.

Bei der Meditation gelangen wir an diesen Punkt, wenn unsere Praxis nicht mehr so mechanisch abläuft. Die Körperhaltung ist für uns bequem. Die Prinzipien, warum wir meditieren, sind uns sehr viel klarer. Wir haben die Logik und die Begründungen durchgearbeitet. Präsent zu bleiben und dem Atem zu folgen fühlt sich natürlicher an, als sich in unserem abschweifenden und unbeständigen Denken zu verlieren; als Folge davon wird unsere Disziplin immer stärker.

Am Anfang war es Ihnen vielleicht schwergefallen, zehn Minuten lang still zu sitzen und dem Atem zu folgen. Selbst binnen einer einzigen Minute kam und ging der Geist viele Male. Nunmehr bleibt er dreißig, vierzig, fünfzig Minuten lang beim Atem. Sie haben vielleicht Gedanken, aber Sie lassen sich nicht mehr besonders ablenken. Diese Phase der Meditationspraxis ist sowohl friedvoll wie auch wonnig. Bedenken Sie, dass Sie sich nicht in einem anderen Universum befinden, sondern Sie erleben die inhärente Stärke und Klarheit des Geistes im Hier und Jetzt. Er ist stabil. Sie machen sich beim Meditieren keine Sorgen mehr über irgendeine Angelegenheit, flitzen und huschen nicht mehr gedanklich herum. So entwickeln Sie Selbstvertrauen in Ihre inhärenten guten Eigenschaften und Qualitäten.

Beim Laufen sind wir dann in die Phase des Schneelöwen eingetreten, wenn wir ohne Uhr das Haus verlassen. Wir versuchen nicht mehr, genau auszurechnen, wie viele Kilometer wir unterwegs sind. Wir achten nicht ständig auf die Korrektur unserer Körperhaltung. Vielmehr erfreuen wir uns des Lebens, sind froh darüber, dass wir gesund, in Form und diszipliniert sind. Wir haben unsere Basis errichtet. Unsere Knochen, Muskeln und Lungen haben sich ans Laufen gewöhnt.

Natürlich betreiben wir diesen Sport, um gesund und glücklich zu sein, aber in der Phase des Schneelöwen ist die Freude am Laufen beständiger. Das Empfinden von Glück ist die direkte Folge davon, dass wir nicht mehr so viel mit uns selbst kämpfen.

Auch bei der Meditationspraxis erleben wir, dass wir zufriedener, friedlicher und somit glücklicher sind, wenn wir nicht mehr mit uns selbst kämpfen. Wir haben nicht unbedingt einen höheren Grad der Erleuchtung erlangt. Wir sind vielleicht noch nicht einmal sorgenfrei. Aber das allgemein überwiegende Gefühl ist, dass wir unser Leben als wesentlich freudvoller empfinden.

21.
Panoramisches Gewahrsein

In der Phase des Schneelöwen sind wir nicht mehr so stark auf unseren Laufstil und unsere Technik konzentriert. Jetzt, da wir auf einer Ebene der Tigerzufriedenheit angelangt sind, brauchen wir mental nicht mehr immer derart fokussiert zu bleiben. Weil wir Zuversicht haben, sind wir entspannter, und unser Geist muss weniger Überzeugungsarbeit hinsichtlich der Gründe für unser Laufen leisten. Unser Tun ist nunmehr natürlicher. Laufen bedeutet nicht, dass wir uns einfach durch die Kilometer quälen und versuchen, den letzten fidelen Abend auszuschwitzen oder Übergewicht zu reduzieren – es bedeutet, das Leben selbst zu feiern.

Zwar müssen wir immer Achtsamkeit walten lassen, aber statt einfach die Atemzüge zu zählen oder uns ausschließlich auf den Laufpfad zu konzentrieren, schulen wir uns in der Entwicklung des panoramischen Gewahrseins. Dies führt dazu, dass unsere geistigen Fähigkeiten stärker und umfangreicher werden. Ein umfassenderer Geist lässt uns mehr verstehen. Wir können die Situation aus anderen Blickwinkeln sehen. Wir sind geistig flexibler. Wir können erfassen, wie andere denken und fühlen. Wir stellen vielleicht fest, dass wir weniger gereizt sind, wenn wir vom Lauf zurückkommen. Es braucht Geschicklichkeit und Entspanntheit, wenn wir uns auf diese Weise für das Umfeld öffnen wollen.

Die Tigerläufe waren »einsgerichtet«. Jetzt ist unser Fokus sehr viel ausgedehnter: Wir beziehen die Umgebung in unsere Sicht mit ein. Natürlich achten wir weiterhin auf den Weg, aber beim Praktizieren des panoramischen Gewahrseins kann unser Bewusstsein mehr von der Umgebung in sich aufnehmen. Ein solches Gewahrsein bedeutet nicht, dass wir abheben und von den Fantasien in unserem Kopf völlig abgelenkt sind. Vielmehr ist es eine Methode, sich mit unserer Umgebung zu verbinden, ein Hinweis darauf, dass wir lebendig sind. Die Gesundheit des Geistes bringt sich hier durch die Gesundheit des Körpers zum Ausdruck.

Panoramisches Gewahrsein bedeutet nicht unbedingt eine dramatische Erfahrung. Tatsächlich kann man sie als ziemlich gewöhnlich wahrnehmen. Wenn Sie im Wald laufen, hören Sie die Baumwipfel sich wiegen, sehen Sie all das viele Grün, riechen Sie die Luft, spüren Sie die Feuchtigkeit. Wenn Sie in der Wüste laufen, schmecken Sie die trockene Luft, spüren Sie die Hitze der Sonne. Wenn Sie sich in der Stadt befinden, hören Sie den Verkehrslärm, schwimmen Sie im Menschenstrom. Selbstverständlich wenden Sie nicht den Kopf und schauen ständig umher – Sie folgen nach wie vor Ihrer Route, bewegen immer noch Arme und Beine, laufen nach wie vor weiter.

Beim panoramischen Gewahrsein erspüren und fühlen Sie

Ihre innere Umgebung – Ihren Rhythmus, das Pochen des Herzens, das Aufsetzen der Füße auf dem Laufpfad. Gleichzeitig stellen Sie sich auf Ihre äußere Umgebung ein: den Himmel, die Luft, die Klänge des Lebens. Dieses Gewahrsein ist etwas anderes als die Konzentration auf die Form. Auch halten Sie sich nicht einfach nur in Ihrem Kopf auf und kämpfen mit Ihren Emotionen.

Diese Schneelöwenläufe sind insofern fortgeschrittener, als wir den Bezug zwischen uns selbst und dem Ort, an dem wir uns befinden, erspüren und wahrnehmen. Gewahrsein bringt uns in Einklang mit den Elementen. Diese Verbundenheit mit den Elementen ist Bestandteil des Lebendigseins. Wir halten uns allzu oft drinnen auf und sind uns der Elemente nicht bewusst. Die Elemente sind nicht unsere Feinde. Wir bestehen ja selbst aus ihnen. Wenn wir uns mit ihnen verbinden, inspirieren sie uns, sie machen uns stärker und lassen uns auf viel subtilere Weise mit der Welt kommunizieren. Diese Verbindung tritt ein, wenn wir uns geistig in die Realität hinein entspannen. Wir sind nicht einfach einsame Läufer, die ihre Kilometer abtraben, sondern lebendige Geschöpfe, die auf der Erde laufen. Wenn wir dem Anerkennung zollen, fühlen wir uns lebendig. Wir müssen unsere Umwelt nicht bekämpfen.

Der Schneelöwe verbindet sich mit den Elementen. Zunächst ist die Verbindung mit dem Element des Windes wichtig. Unser Leben ist vom Atmen abhängig, von der Sauerstoffaufnahme in unseren Körper. Wir atmen die Umgebung ein, und dann atmen wir aus und vermischen uns so mit der Umgebung.

Wind und Luft sind Bestandteil unserer körperlichen Vitalität.

Beim Laufen erzeugen wir auch Hitze und Feuer, Erde und Wasser. Unsere Körpertemperatur steigt an. Durch Bewegung erzeugte Hitze produziert Energie und Schweiß. Wir schwitzen Wasser, trinken Wasser und laufen auf der Erde. Wenn wir uns vom Boden abstoßen, verbinden wir uns mit genau dem Grund, auf dem wir laufen. Wir verbinden uns mit unserem Planeten.

Wir sollten auf dieses Gewahrsein achtgeben und uns damit vertraut machen. Panoramisches Gewahrsein mag sich berauschend anhören, aber es gründet sich auf das, was geschieht. Es bedeutet nicht, dass uns das Laufen high macht, und auch nicht, dass wir schmerzfrei sind. Wir haben vielleicht Schmerzen, es tut uns vielleicht etwas weh, aber wir haben trotzdem ein panoramisches Gewahrsein, weil unser Geist nun nicht mehr vollständig von diesem Schmerz vereinnahmt wird. Wir erleben jetzt äußerlich und innerlich die Balance zwischen uns und unserer Umwelt. Davor haben wir innerlich zu sehr gekämpft, um unserer äußeren Umgebung gewahr zu sein. Wenn uns jemand nach der Farbe eines Hauses oder nach dem Namen des Baumes gefragt hätte, an dem wir vorbeigelaufen sind, hätten wir uns vielleicht nicht daran erinnern können. Aber jetzt stehen uns alle diese Details ganz klar vor Augen. Es ist nicht so, dass wir diese Details davor nicht hätten wahrnehmen wollen; vielmehr waren wir nicht gut genug in Form, als dass wir uns hätten entspannen können. Jetzt müssen wir auf körperlicher Ebene nicht mehr kämpfen und können uns auch durch den meditativen Geist mehr der Beobachtung widmen. Wir sind uns all der Dinge weitaus mehr gewahr.

So tänzelt der Schneelöwe auf den hohen Bergwiesen, er tollt zwischen Gipfeln und Tälern ausgelassen umher – und das alles mit dem panoramischen Gewahrsein.

22.
Das grundlegende Gesundsein

Eine der Lektionen des Schneelöwen ist das grundlegende Gesundsein. Bei der Meditationspraxis haben Sie von Anfang an die Einstellung, dass der Geist grundsätzlich gesund und ausgewogen ist. Er verfügt von Natur aus über Stärke und Flexibilität. Er hat die Fähigkeit zu lieben, freundlich und gütig zu sein. Aufgrund meiner Schulung weiß ich, dass es kein Dauerzustand ist, wenn ich beim Meditieren müde werde oder abgelenkt bin. Es ist nur eine vorübergehende Angelegenheit, so wie Wolken, die zeitweilig die Sonne verdecken. Der natürliche Zustand des Geistes, die grundlegende Gutheit, ist uranfänglich und unwandelbar.

Wenn ich mit dem Vertrauen auf die grundlegende Gutheit des Geistes an die Meditation herangehe, kann ich meine Stärke und Konzentration wiedergewinnen. Komme ich aber abgelenkt oder müde zur Entscheidung, mein Geist wäre ein hoffnungsloser Fall – dass ich nie ruhig, ausgewogen oder geistig ganz gesund sein werde –, dann könnte ich umso verstimmter oder deprimierter werden, je mehr ich meditiere. Also bewahre ich, auch wenn ich mich nicht großartig fühle, Disziplin und

versuche sowohl beim Laufen als auch beim Meditieren, mit meiner grundlegenden Gesundheit in Kontakt zu bleiben.
Indem wir uns beim Laufen als grundsätzlich gesund betrachten, vermeiden wir, dass wir in die Falle eines negativen Geisteszustandes geraten und glauben, wir wären schwach oder nicht in Form. Mag sein, dass wir zeitweilig keine acht oder fünfzehn Kilometer laufen können. Aber wir sollten die Tatsache anerkennen, dass uns unsere Gesundheit angeboren ist. In Form zu sein ist in uns angelegt, so als wären wir kleine Vögel, die zum Fliegen bereit sind. Der Vogel ist genetisch fürs Fliegen ausgelegt. Und ebenso sind wir für die Bewegung gemacht.
Mein Vater war in dieser Hinsicht eine Inspiration. Er war wie gesagt ein großer Meditationsmeister. Als er aus Tibet floh, durchquerte er den Himalaja zu Fuß. Irgendwie machte ihn das fit fürs Leben. Er hat sich nie groß sportlich betätigt, ging aber alles immer aus der Sicht der grundlegenden Gesundheit an. Deshalb wirkte er stets vital und energiegeladen.
Die Traditionslinie, die ich erhalten habe und deren Linienhalter ich nun bin, nahm vor 2500 Jahren mit *Buddha* ihren Anfang. Wenn wir seinen Namen hören, denken wir an eine heilige Person, die im sechsten Jahrhundert vor unserer Zeitrechnung zum Buddha wurde, zum »Erwachten«. Nachdem er einen Geisteszustand erlangt hatte, in dem er die Erfahrung der letztendlichen Wirklichkeit machte, gab er in den folgenden fünfzig Jahren Belehrungen über diese Erfahrung, bis er schließlich im Alter von vierundachtzig Jahren verschied.
Trotz dieser unglaublichen spirituellen Leistung war er, noch

bevor sein spirituelles Leben begann, ein außerordentlich guter Sportler, ein perfekter Speerwerfer, Ringer, Bogenschütze und Wagenlenker. Der Überlieferung nach war er großgewachsen, außerordentlich gutaussehend und wohlproportioniert, hatte »die Brust eines Löwen und die Waden einer Antilope«. Mit anderen Worten, er war ein sehr sportlicher Typ. Somit war der Buddha durchaus geeignet, sowohl über körperliche als auch geistige Disziplin zu reden, da unser Leben ja im Idealfall beide Elemente aufweisen sollte. Meditation galt, ebenso wie das Laufen, als gute und gesunde Übung – für den Geist.
Schon seit Jahrhunderten wissen Meditierende, dass der Geist Rohmaterial ist. Er ist wie Tofu – neutral und formbar. Der Geist verfügt über zwei Grundarten des Aufnehmens von Erfahrungen, die die Art, wie er sich fühlt, verändern. Da ist zum einen die äußere Umgebung, die wir über unsere fünf Sinne wahrnehmen: was wir sehen, berühren, hören, schmecken und riechen. All diese Empfindungen und Wahrnehmungen werden in den Geist absorbiert. Zum anderen sind da die Gefühle und das, was unser Geist denkt, entweder im Innern oder in Bezug darauf, was von außen in ihn dringt. Das ist unser sechstes »Sinnesbewusstsein«, das Geistbewusstsein.
Wird keine Richtung vorgegeben, nimmt der Geist wie auch der Körper allmählich jegliche in seinem Umfeld vorkommenden Gewohnheiten in sich auf. Wenn Sie zum Beispiel von jemandem aggressiv angebrüllt werden, wird diese Aggression von Ihnen absorbiert. Erfahren Sie die aggressiven Bemerkungen als schmerzhaft, werden Sie vermutlich mit Gegenaggression

darauf reagieren. Ist Ihr Geist flexibler, tut Ihnen die andere Person vielleicht einfach nur leid, und Sie sagen etwas Freundliches oder gar nichts. Und wenn jemand zu Ihnen »Ich liebe dich« sagt, wird auch das absorbiert. Sind Sie darüber erfreut, antworten Sie vielleicht: »Ich liebe dich auch.« Sind Sie aber paranoid, oder fühlen Sie sich bedroht oder verängstigt, weil Sie noch nicht bereit sind, den Knoten zu knüpfen, dann versuchen Sie vielleicht, das Thema zu wechseln. Diese Elemente kommen von außen.

Der Geist nimmt auch Gewohnheiten aus unserem inneren Umfeld in sich auf. Da sitzen Sie zum Beispiel glücklich auf einer Parkbank und bemerken kaum die spielenden Kinder, die in der Luft tanzenden Drachen, die Fußball spielenden Jugendlichen. Sie sind ganz in Ihre Gedankengänge versunken. Wenn Sie denken, dass die Situation am Arbeitsplatz gut ist, entwickelt Ihr Geist Gedanken der Befriedigung, und Sie fühlen sich gut. Wenn Sie sich wegen der Bezahlung der Miete oder der Aufrechterhaltung Ihrer Beziehung Sorgen machen, empfinden Sie vielleicht Angst und Furcht. Das geschieht unabhängig von den spielenden Kindern, der herabscheinenden Sonne oder den in den Bäumen zwitschernden Vögeln.

In beiden Fällen hatte die äußere Umgebung mit Ihren inneren Gefühlen wenig zu tun. Diese waren gänzlich von den in Ihrem Geist erzeugten Gedanken abhängig. Daraus können Sie die Macht der Gedanken ersehen – und insbesondere und am wichtigsten: welche Macht das Auftreten mancher Gedanken und die Abwesenheit anderer hat.

Mit anderen Worten, wenn Sie über irgendetwas nachdenken wie etwa die Arbeit oder Familie, fühlen Sie sich, abhängig vom Geschehen innerhalb dieser Szenarien, gut oder schlecht. Somit bedeutet die Meditationspraxis, dass wir uns erstens der Macht des Geistes klar bewusst sind: was der Geist wahrnimmt und wie Sie sich fühlen. Und zweitens der Macht der Gedanken: womit sich der Geist beschäftigt. Ebenso hat Meditationspraxis auch mit der Macht der »Nichtgedanken« zu tun: womit sich der Geist nicht beschäftigt.

Meditation Praktizierende haben durch Beobachtung entdeckt, dass der Geist ein lebendiges, veränderliches, sich entwickelndes Geschöpf ist. Er ist erstaunlich empfindsam und gleichzeitig unglaublich zäh und widerstandsfähig. Irgendwie überlebt der menschliche Geist – dieser Geist, der sich sowohl von der einfachen Schönheit eines vorbeiflatternden Schmetterlings bewegen lässt als auch fähig ist, sich extrem fürchterlichen Szenarien anzupassen. Zudem ist er zu unfassbarer Großzügigkeit und unendlichem Mitgefühl fähig. Und am wichtigsten: Er lässt sich trainieren. Man kann mit ihm arbeiten und ihn entwickeln. Meditation Praktizierende haben entdeckt, dass es dem Geist sogar Freude macht, wenn er entwickelt und trainiert wird, vorausgesetzt, er hat den richtigen Lehrer.

Wie beim Körper sind die Auswirkungen unseres Umgangs mit dem Geist sofort spürbar. Wenn Sie den Körper falsch behandeln – sei es, dass Sie sich nicht ausreichend bewegen, dass Sie zu viel essen, rauchen, trinken oder ihn zu sehr dem Wetter, allgemeinem Stress oder dem Reisen aussetzen –, werden

Sie sich allmählich steif, müde und lethargisch fühlen. Beim Körper überrascht uns das nicht so sehr.

Beim Geist verhält es sich nicht anders. Wenn wir den Geist allzu langen Phasen des Fernsehens oder Sitzens vor dem Computer oder einem potenziell noch schädlicheren Umfeld aussetzen wie etwa dem Gefühl, nicht geliebt oder vernachlässigt zu werden, oder wenn wir allzu langen Zeiten der Unzufriedenheit oder einem extrem aggressiven Umfeld unterworfen sind, bekommt der Geist sozusagen Prügel. Dieses Stück Tofu nimmt vielerlei Färbungen an. Es bekommt blaue Flecken und ist angeschlagen, aber wir können dies nicht offensichtlich wahrnehmen.

Befinden wir uns in einem negativen Umfeld, sind wir im Allgemeinen in einer unglücklichen Geistesverfassung. Sie sagen vielleicht nicht direkt: »Ich bin unglücklich«, äußern aber möglicherweise etwas wie: »Ich bin nicht ganz ich selbst.« Oder: »Ich fühle mich irgendwie daneben.« Sind die Umstände ein bisschen ungünstiger, sind Sie vielleicht deprimiert, oder es fehlt Ihnen an Motivation. Und ist die Situation noch extremer, verspüren Sie möglicherweise Bitterkeit und Groll. In solchen Fällen sind Sie natürlich auch ständig aufgewühlt und voller Wut.

Versetzen Sie Ihren Geist hingegen in ein positives Umfeld, etwa in ein Umfeld der Liebe und Zuneigung, der Befriedigung, Erfüllung und des Sinns sowie der Zweckhaftigkeit, dann spüren Sie sofort die Auswirkungen. Dann wird Ihr Geist auch heiter und aufnahmebereit sein. Sie werden neugierig und sind am Geschehen ringsumher interessiert. Sie werden rascher zum Lachen oder Lächeln neigen. Auch werden Sie die Emotionen anderer schneller spüren – und die Ihnen innewohnende Freundlichkeit, Empathie und Liebe werden leichter aktiviert werden können.

Natürlich handelt es sich hier um sehr starke Verallgemeinerungen, und innerhalb dieses Rahmens gibt es viele verschiedene Kombinationsmöglichkeiten. Doch allem liegt das Prinzip des fundamentalen Gesundseins zugrunde. Die Tradition der Meditationspraxis erkennt die Tatsache an, dass das Leben vergänglich, ungewiss und instabil ist: Mit Sicherheit werden wir uns in den verschiedensten Szenarien wiederfinden. Aber indem wir uns auf den Geist beziehen, können wir aus einer inneren Ebene der Gesundheit und Stabilität schöpfen. Das ist, kurz gesagt, das Wesentliche, worum es bei der Meditationspraxis geht: ein persönliches eigenständiges Umfeld zu schaffen, in dem wir Gesundheit und Glück für den Geist entwickeln. Hier kommt die Disziplin des Schneelöwen ins Spiel.

Als ich zu Besuch in Tibet war, herrschte dort ein raues Klima, und die Leute sahen zumeist wettergegerbt aus. Aber jedermann demonstrierte dieses grundlegende Gesundsein und diese Kraft und Stärke. Wenn die Menschen krank waren, kamen sie zu mir, um ihren Segen zu erhalten, nie aber hörte ich sie klagen. Stattdessen sprachen sie immer über das, was bei ihnen noch funktionierte. Das kam mir ungewöhnlich vor, weil wir in der modernen Welt, in der wir über eine umfangreichere medizinische Versorgung verfügen, mehr zum Lamentieren neigen. Es herrscht eine allgemein verbreitete Hypochondrie.

Läufer gehen möglicherweise noch mehr als alle anderen in diese Falle. Wenn wir beim Laufen ein Stechen verspüren, glauben wir oft schon, dies sei der Anfang vom Ende. Eine solche Überachtsamkeit grenzt schon fast an Paranoia. Wenn wir in diesen allzu analytischen Geisteszustand geraten, werden wir überempfindsam, nicht in positiver, sondern in negativer Richtung. Dann ist es schwer, ein gutes Essen zu genießen oder ein anregendes Gespräch zu führen, ganz zu schweigen davon, über einen strapaziösen Lauf hinwegzukommen – weil wir fixiert sind auf das, was nicht stimmt oder schiefgehen könnte. Wenn wir aber die Disziplin entwickeln, uns auf unser grundlegendes Gesundsein zu besinnen und uns zu entspannen, können wir jede Aktivität genießen, der wir uns widmen. Das heißt nun keineswegs, dass wir nicht mehr daran denken sollten, besser zu werden. Das grundlegende Gefühl, gesund zu sein, schenkt uns die Fähigkeit, unsere Schwachstellen zu erkennen und etwas zu optimieren. Mit der Freude und Disziplin des Schneelöwen gehen wir dabei jedoch von einem Ort der Stärke aus.

23.
Vom Umgang mit Schmerzen

Wenn Leute sagen, sie mögen das Laufen nicht, meinen sie oft, dass sie keine Schmerzen haben wollen. Das Laufen ist ein Sport, der ständig mit Schmerzen zu tun hat. Das trägt dazu bei, dass wir Charakter entwickeln. Manchmal kann ich schon nach kurzer Zeit vorhersagen, ob jemand beim Laufen bleiben wird: Er »mag« den Schmerz, aber nicht allzu sehr.

Als ich bei meinem ersten Marathon diese riesige Blase am Fuß bekam, fragten mich ein paar Läufer, wie ich denn mit dem Schmerz fertiggeworden sei. Manche gingen davon aus, dass ich irgendeine geheime Meditationsmethode angewandt hätte, um ihn auszublenden. Ich erklärte, ich hätte ihn nicht ausgeblendet: Ich achtete auf den Schmerz, ließ aber gleichzeitig nicht zu, dass er mir den Geist stahl. Der Schmerz war ein wichtiger Bestandteil der Realität, aber es würde zu nichts führen, wenn ich mir allzu große Sorgen darüber machte.

Man könnte sagen, dass das Leben mindestens zur Hälfte aus Schmerz besteht. Wenn wir keine Beziehung zum Schmerz herstellen, verweigern wir uns der Hälfte unseres Daseins. Alles ist gut, wenn wir glücklich sind, aber wenn wir Schmerzen haben, versteinern wir. Die Unfähigkeit, einen Bezug zum Schmerz herzustellen, engt unser Spielfeld ein. Wenn wir imstande sind, mit dem Schmerz zu arbeiten und ihn zu verstehen, wird das Leben doppelt so interessant. Haben wir eine Beziehung zum Schmerz und verstehen wir ihn, macht uns das furchtloser und glücklicher.

Körperlichen Schmerz kennt jeder. Die Yogapraxis zum Beispiel wurde unter anderem deswegen entwickelt, um den Körper biegsam zu machen, sodass man beim Meditieren reglos sitzen kann. Je geschmeidiger unser Körper ist, je wohler er sich fühlt, desto weniger Schmerz fühlen wir. Aber auch ein sehr flexibler Körper kann keine Körperposition lange aufrechterhalten, daher wechseln wir Tag und Nacht beständig unsere Haltungen. Ebenso hat jedermann Sorgen, und es gibt keinen Menschen, der nicht ein bestimmtes Maß an Bedauern kennt. Das erzeugt geistigen Schmerz. Geistiger Schmerz und Sorgen sind für viele unserer anderen Schmerzen verantwortlich.

Diese zwei Arten von Schmerz werden ganz wesentlich bei der Meditation und beim Laufen angesprochen. Natürlich können wir nicht Tag und Nacht laufen, und vierundzwanzig Stunden lang zu meditieren dürfte schwierig werden. Aber wenn wir die beiden Disziplinen in unseren Tagesablauf integrieren, machen wir Körper und Geist ein gutes Stück lebenswerter.

Der Schneelöwe geht mit dem Schmerz heiter um. Das heißt nicht, dass er ihn unterdrückt: Es herrscht hier ein angemessenes Gleichgewicht. Mit dieser Balance, dieser Ausgewogenheit, werden wir künftig arbeiten. Wenn wir ständig darüber jammerten, wie es uns geht und was für Schmerzen wir haben, würden uns die Leute meiden. Natürlich sollten wir anderen Bescheid sagen, wenn wir krank sind. Aber ansonsten ist es besser, den Schmerz für sich zu behalten.

Beim Umgang mit dem Schmerz gilt es, ein paar Faktoren zu verstehen. Erstens ist der Schmerz – und damit die Krankheit – im Allgemeinen das Ergebnis des Zusammenkommens verschiedener Umstände. Meine Blase am Fuß beim Toronto-Marathon war die Folge meiner Entscheidung, an diesem Tag neue Socken zu tragen. Auch nieselte es leicht, und so führten die Reibung und die Feuchtigkeit zur Erfahrung von Schmerz.

An vielen tibetischen Klosterwänden findet sich ein Wandgemälde, welches das sogenannte Rad des Lebens zeigt. Darauf wird jede Phase des Daseins symbolisch dargestellt. Das Bild eines von einem Pfeil durchbohrten Menschen steht für Krankheit und Anhaftung. Dahinter steht die Weisheit, dass man, von einem Pfeil getroffen, nicht danach fragt, wer den Pfeil gemacht hat, aus welchem Holz er ist und mit welcher Technik die Pfeilspitze hergestellt wurde. Die Frage, die sich stellt, ist: Wie bekommt man den Pfeil am besten wieder heraus?

Den Schmerz zu ignorieren bedeutet eine gewaltige geistige Anstrengung. Der Schmerz ist die eine Sache, der auf den Schmerz reagierende Geist die andere. Somit besteht der zweite Schritt darin, nicht überzureagieren. Wenn man sich vom

Schmerz erschrecken lässt, verschärft er sich nur noch, so als schütte man Benzin ins Feuer. Unsere Reaktion auf den Schmerz macht ihn noch schlimmer. Deshalb erkennen wir den Schmerz an, vermeiden aber die unmittelbare automatische Reaktion darauf.

Wie ich schon gesagt habe, ist der Geist beziehungsweise das Bewusstsein neutral. Es absorbiert, was immer es erfährt und wahrnimmt – Glück oder Unglück, Schmerz oder Gesundheit. Wir sind für das Wohlbefinden unseres Bewusstseins selbst verantwortlich. Die Sache ist ganz einfach: Wenn wir ständig mürrisch und missmutig sind, werden nach einer Weile Griesgrämigkeit und Frustration unser Geisteszustand sein. Dann bereiten uns auch positive Ereignisse schlechte Laune. Das ist nämlich ganz schlicht das einzige Resultat, das sich daraus ergeben kann.

Schmerz und Krankheit sind klare Hinweise darauf, dass etwas aus dem Gleichgewicht geraten ist. Sie sind Signale, die uns auf bestimmte Realitäten aufmerksam machen sollen. Wir haben schlechte Entscheidungen getroffen, uns falsch ernährt oder waren nicht achtsam, und jetzt bekommen wir die Auswirkungen zu spüren. Die Verantwortung dafür zu übernehmen heißt, nicht dem Schmerz oder irgendetwas anderem die Schuld zu geben. Gleichzeitig brauchen wir uns selbst aber auch nicht schuldig zu fühlen oder zu kasteien. Schuldzuweisungen in Verbindung mit Schmerz infizieren den Schmerz nur mit Negativität. Wenn uns der Schmerz und das Unglücklichsein überwältigen, reagieren wir darauf oft auf kindische

Art und Weise: Wir machen den Schmerz zum Objekt. Sobald wir beginnen, den Schmerz zu beschuldigen, wird er zu unserem Feind. Ärgerlich zu werden hilft uns nicht dabei, aus der Erfahrung zu lernen.

Stattdessen können wir unser Handeln erkennen und korrigieren. Damit können wir den Schmerz als Methode nutzen, um unsere eigene Weiterentwicklung und Integrität zu unterstützen. Anzuerkennen, dass irgendetwas nicht stimmt, ist ein Zeichen von Reife. Mit der Erkenntnis, dass uns der Schmerz die Gelegenheit zu Wachstum und Weiterentwicklung bietet, erhalten wir die Kraft zu sehen, wie wir das Ungleichgewicht korrigieren und weiterkommen können, wobei wir den Schmerz als Reiseweg auffassen. Dann nehmen wir ihn als Chance wahr. Wenn wir stolpern und hinfallen, sehen wir das als Gelegenheit, künftig achtsamer zu sein. Wenn wir die ganze Zeit damit verbrächten, über den Schmerz nachzudenken und ihn größer zu machen, wüchse in uns nur die Negativität. Erkennen wir, wie es dazu kam, dann können wir daraus lernen, ohne dabei zu verweilen.

Als ich diese Blase bekam, erkannte ich den Schmerz an. Um ihm die Macht zu nehmen, betrachtete ich ihn als eindeutiges Zeichen dafür, dass irgendetwas aus dem Gleichgewicht geraten war. Zu diesem Zeitpunkt konnte ich nichts weiter tun, als mich auf meine innewohnende Stärke und erworbene Fitness zu konzentrieren. Meine Herangehensweise war keineswegs dumm, denn ich wusste, dass es sich um keine schwerwiegende Verletzung handelte – ich würde das ja überleben. Auf diese

Weise assoziierte ich meinen Geist mit Gedanken, die mich in meinem Entschluss bestärkten, den Marathon zu Ende zu laufen. Hätte ich meinen Geist nur auf den Schmerz fokussiert, hätte dieser mir allmählich meine ganze Energie geraubt und mich schließlich auf die Idee gebracht, dass ich den Lauf nicht fortsetzen könnte.

Auch in der Meditation erleben wir körperlichen sowie von Gedanken und Emotionen herrührenden Schmerz. Und auch hier können wir nicht zulassen, dass dieses Leiden unseren Geist völlig beherrscht. Wenn wir es gestatten, sabotiert der Schmerz jeglichen Nutzen, den wir aus unserer Praxis gewinnen könnten, und die ganze Sitzung wird zu einer Meditation auf unser Leiden. Sobald wir körperliche Schmerzen empfinden, können wir die Körperhaltung verändern. Wenn wir emotionalen Schmerz fühlen, können wir die Emotion methodisch auseinandernehmen, bis sie ihren Griff löst. Werden wir von Gedanken gequält, können wir eine umfassendere Sichtweise einnehmen, indem wir uns auf unseren dem Himmelsraum gleichen Geist besinnen oder den Blick heben und uns im Raum umschauen. Wir treten auf sehr direkte Weise mit diesem emotionalen Schmerz in Beziehung.

Es ist hilfreich, die Schmerzerfahrung als Weg zu betrachten, um mit anderen verbunden zu bleiben. Jeder leidet. Wenn uns unser eigener Schmerz dazu dient, uns an diese Wahrheit zu erinnern, können wir ihn als Quell echten Mitgefühls nutzen. Der Schneelöwe weiß, dass sich unter der Ebene des Schmerzes das fundamentale Gesundsein und die grundlegende Gutheit befinden. Wir können, auch wenn es wehtut, diese Einstellung fördern, indem wir den Geist auf seine natürliche Strahlkraft hin ausrichten und Mitgefühl für andere entwickeln.

24.
Laufen und meditieren, um sich zu erfrischen

Das Laufen ist eine grundlegende natürliche Bewegung – man setzt einfach einen Fuß vor den anderen –, doch wenn wir uns seine Biomechanik anschauen, wird die Sache schon ein wenig komplexer. Ähnlich verhält es sich mit der Meditation, sie ist einfach und unkompliziert – der Akt des Präsentseins, ein Augenblick um den anderen. Und doch sind in Tibet Tausende von Texten zu diesem Thema verfasst worden.

Wenn wir die Einfachheit der Meditation auf unseren Geist anwenden, kann sie auch nach einem langen Tag gewiss unserem Wohlbefinden zugutekommen. Der Geist kann sich durch das Meditieren selbst reinigen und läutern und etwas Stärke, Spannkraft und Freude wiedergewinnen. Wir ziehen unsere Aufmerksamkeit vom Alltagsgeschehen ab und versetzen unseren Geist in die Stille des Augenblicks. Indem wir nicht übermäßig nachdenken oder Tagträumen nachhängen, befreien wir ihn von Fantasien und Sorgen und können einfach präsent sein.

Der Geist verhält sich auf dualistische Weise. Ein inneres Bild steigt auf – ein berufliches Projekt oder Eheproblem –, und wir reagieren auf dieses Bild. Vielleicht begegnen wir ihm mit Schuldgefühlen. Wenn es sich um Fantasien handelt, verspüren wir vielleicht ein Verlangen. Oder wir sehen einen Ast, halten ihn irrtümlicherweise für eine Schlange und haben Angst. Der Geist reagiert ständig auf diese Gedanken und Bilder und stellt Assoziationen her. Deshalb fühlen wir uns müde, überarbeitet oder gereizt. Wenn wir auf unsere Atmung achten und präsent sind, hat der Geist Gelegenheit, sich zu entspannen.

Stellen Sie sich vor, Ihr Geist sei wie eine Hand, die eine Hantel hält. Die Hantel steht für all Ihre Probleme und Sorgen. In der Meditation präsent zu sein ist so, als würden wir die Hantel niederlegen. Sofort stehen Körper und Geist unter weniger Druck. Meditation arbeitet in Abstufungen. Als Erstes versuchen wir, von den stärker belastenden Gedanken und Sorgen Abstand zu nehmen und den Geist von diesem Gewicht zu befreien. So als ob wir beim Erklimmen eines Hügels den Rucksack ablegten – dadurch können wir unsere Energie wieder zurückgewinnen. Dann machen wir uns von den geringeren Gedanken und Sorgen frei.

Wenn wir uns hingegen nach einem Arbeitstag noch mehr Gedanken und Sorgen aufladen, ist das kein Ausruhen. Kommen wir nach solch einem Tag nach Hause und schalten sofort den Fernseher ein, um uns die Nachrichten anzusehen, überlasten wir uns angesichts all der Tragödien, die sich irgendwo auf der Welt ereignen. Und obschon diese globalen Angelegenheiten und Belange sehr wichtig sind, ist es für uns noch wichtiger, den Geist zu diesem Zeitpunkt erst einmal von Überlastung und Stress zu befreien.

Den Leuten gefällt am Fernsehen und am Kino, dass diese ihnen oft für ein Weilchen ermöglichen, ihre persönlichen Sorgen gegen die Nöte anderer auszutauschen. Die Nachrichten über Ereignisse, die irgendwo weit entfernt stattfinden, wirken sich weniger unmittelbar auf uns aus als das, was in unserem eigenen Leben geschieht. So werden wir von unseren eigenen mentalen Problemen abgelenkt. Wir verspüren eine gewisse Erleichterung, die aber dem Geist nicht gestattet, sich vollständig auszuruhen, zu entspannen und zu regenerieren. Den traditionellen Lehren zur Meditationspraxis zufolge graben sich auch die negativen Bilder, die wir jetzt sehen, und die damit assoziierten Emotionen tief in unser Bewusstsein ein.

Diesen Lehren zufolge gibt es acht Bewusstseinsebenen. Die ersten fünf sind mit den fünf Arten der Sinneswahrnehmung verbunden. Die sechste Ebene ist das Geistbewusstsein, das denkende Bewusstsein, das Träume und Erinnerungen beherbergt. Die siebte Ebene ist das emotionale Bewusstsein. Dann gibt es das achte, das Allbasisbewusstsein, welches alle anderen Arten von Bewusstsein mit einbegreift. Es heißt, dass Bilder und Handlungen im achten Bewusstsein gespeichert werden. Im Westen spricht man hier manchmal vom Unterbewusstsein.

Je länger wir leben, desto mehr positive wie auch negative Bilder sammeln wir an. Diese Bilder stehen uns nicht immer vor Augen; sie fallen in den Hintergrund unseres Geistes. Aber wenn wir eine größere Sammlung insbesondere negativer Bilder haben, gelangen sie mehr und mehr als beunruhigende Gedanken in den Geist und richten in unserem Schlaf und unseren Beziehungen Schaden an. Da der Geist neutral ist und sich seiner Umgebung anpasst, gewöhnen wir uns an diese Erfahrung, so wie manche sich an Schmutz und Gerümpel in einem verlotterten Haus gewöhnen können. Ein Gefühl von Erschöpfung und Gereiztheit wird zur Normalität, und nach einer Weile können wir uns gar nicht mehr vorstellen, uns anders zu fühlen. Wir nehmen einfach an, dass niemand glücklich ist, weil wir selbst es auch nicht sind.

Wir können die Meditation als Reinigungsprozess nutzen – als die Zeit am Tag, in der wir unsere geistige Wäsche besorgen. Danach fühlen wir uns frisch und erhoben. Deshalb sollten Sie sich nach einem langen Tag zehn, zwanzig oder dreißig Minuten zum Meditieren nehmen. Wenn wir uns setzen und den Geist auf den Atem statt auf unsere Sorgen gerichtet halten, entwickeln wir die Fähigkeit, uns vom Stress zu befreien und unseren Geist zu stärken. Versuchen Sie dann, diese Fähigkeit auch beim Laufen anzuwenden, indem Sie den Geist auf die Umgebung statt auf Ihre Denkprozesse gerichtet halten.

So räumen Sie Geist und Körper eine Entspannungspause und eine Regenerierungsphase ein. Lassen Sie sie zu ihrer naturgegebenen Intelligenz und ihrem immanenten Wohlbefinden finden. Wenn Sie das nächste Mal von der Arbeit nach Hause kommen, setzen Sie sich zehn oder zwanzig Minuten zum Meditieren hin, statt den Fernseher einzuschalten oder ins Netz zu gehen. Sie sollten wissen, dass Sie eine große Last von Ihrem Geist nehmen können, wenn Sie Ihre Loyalität von den Sorgen des Tages abziehen und sie auf die Gesundheit Ihres Geistes lenken, indem Sie auch nur zehn Sekunden, dreißig Sekunden, eine Minute oder zwei Minuten präsent sind. Ihr Geist wird gereinigt, weil Sie im Augenblick baden. Auf diese Weise kommen Sie mit Ihrem großen, von Natur aus gesunden Geist in Kontakt. Wenn Sie in dieser Stärke ruhen, werden Sie aufgeschlossener und einfühlsamer.

Machen Sie sich dann auf zu einem Lauf. Treten Sie über Ihre Sinneswahrnehmungen, Ihre Verbindung mit den Elementen und die Bewegungen Ihres Körpers in die größere weitere Welt ein. Vergegenwärtigen Sie sich, dass Sie durch die Disziplin des Präsentseins bei Ihrem Lauf Ihren Geist reinigen und seine natürlichen Qualitäten zum Vorschein kommen lassen.

25.
Glücklich sein

Nach Veröffentlichung der Originalausgabe meines Buchs *Den Alltag erleuchten. Die vier buddhistischen Königswege* im Jahr 2005 kam ich mit Königin Noor von Jordanien und Rabbi Irwin Kula zusammen, um eine Podiumsdiskussion über mitfühlende Führerschaft abzuhalten. Wir drei Führungspersonen unterschiedlicher Herkunft wollten ein Gespräch darüber führen, wie unerlässlich Mitgefühl für eine starke Führerschaft ist. Wir hielten die Podiumsdiskussion an der New York University und an der Tufts University ab, weil wir das Gefühl hatten, dass es für die Zukunft nützlich wäre, wenn junge Leute daran teilhätten. Jerry Murdock, auch ein Läufer und Meditierender, übernahm die Rolle des Moderators, und Goldman Sachs war ebenfalls Gastgeber. Obwohl es eine aufregende Zeit und sehr viel los war, konnte ich doch noch mein Lauftraining und meine Meditationspraxis im Zeitplan unterbringen.

Wie vielen Leuten macht auch mir ein ausgedehnter Lauf nach einer Phase intensiver Beschäftigung große Freude. Wenn ich Tage mit langen Konferenzen oder Belehrungen hinter mir habe, in denen ich mich nicht viel bewegen konnte, sehe ich zu, dass ich zum Laufen komme. Im Anschluss an diese gesunde Aktivität bin ich glücklicher. Ebenso beim Meditieren. Zunächst wende ich mich positiven Gedanken zu, dann meditiere ich auf Mitgefühl. Die Tatsache, dass ich meinen Geist auf andere ausdehne, lässt ganz natürlich ein größeres Glücksgefühl entstehen. Körperliche Bewegung und Meditation sind die Fahrkarte zum körperlichen und geistigen Glücklichsein. Wir möchten es vielleicht nicht tun, aber es tut uns gut.

Sie sollten sich in der Phase des Schneelöwen damit vertraut machen und sich daran gewöhnen, glücklich zu sein. Haben Sie keine Angst, dass es wieder vergehen wird. Vertrauen Sie auf das natürliche Vorhandensein des Glücks. Dieses Glücklichsein ist der »natürliche Bildschirmschoner des Geistes«. Es ist unnötig, sich mit besorgniserregenden E-Mails abzugeben oder im Internet zu surfen, um sich zu unterhalten oder abzulenken. Entspannen Sie sich einfach, und fühlen Sie sich wohl. Das mag sich wie eine Aufforderung zur Nachgiebigkeit anhören, aber wir entwickeln auf diese Weise Stärke und Vertrauen in unseren grundlegenden Seinszustand. Es ist wichtig zu erkennen, wie sich Glücklichsein anfühlt, und sich zu vergegenwärtigen, dass es natürlich und gesund ist.

Glücklich zu sein ist in Ordnung. Unsere Freude braucht uns keine Schuldgefühle zu machen. Und wenn wir wissen, wie sich grundlegende Gutheit anfühlt, erkennen wir auch, dass glücklich zu sein kein irgendwie abgehobener Zustand ist. Es bedeutet nicht, dass wir ständig Witze erzählen. Es muss nicht stimuliert und hervorgelockt werden, denn es ist schon vorhanden in unserer angeborenen Intelligenz, in unserer Neugier und Wertschätzung. Wenn wir das Entzücken des Schneelöwen verspüren, fühlen wir einfach die natürliche Gesundheit des Geistes. Wir werden es wissen, wenn wir zu stark an diesem Glücklichsein hängen, denn dann wird es sich in Verlangen und Besessenheit umwandeln.

Das Geheimnis des langfristigen Empfindens von Glück liegt darin, dass wir uns Aktivitäten widmen, die in geistiger und körperlicher Hinsicht gesund sind. Die Empfindung körperlichen Glücks entsteht daraus, dass wir uns ausreichend bewegen, eine zuträgliche Körperhaltung einnehmen, genügend reines Wasser trinken und gute, gesunde Nahrung zu uns nehmen. Körperliches Unglücklichsein ist die Folge, wenn wir stagnieren, uns nicht bewegen, eine schlechte Körperhaltung einnehmen, uns mangelhaft ernähren, nicht genug Flüssigkeit zu uns nehmen und zu wenig Sauerstoff haben. Geistiges Glück entsteht daraus, dass wir uns mental gesunden Angelegenheiten widmen wie Liebe, Großzügigkeit und Mitgefühl. Geistiges Unglück entsteht aus Egozentrik, Wut und Zorn, Stolz, extremen Geisteszuständen, exzessiven Emotionen und übertriebener Diskursivität.

Das Glücklichsein, das wir in der Phase des Schneelöwen erleben, entsteht keineswegs aus dem Nichts. Es ist das Ergebnis körperlicher Disziplin und geistiger Anstrengung. Von daher ist es nicht ein Ziel, sondern das Nebenprodukt gesunder geistiger und körperlicher Aktivitäten. Wenn wir uns ihnen widmen, werden in der Folge Körper und Geist Glück empfinden.

Wenn Sie zulassen, wirklich mit dem Glück verbunden zu sein, können Sie auch mit dem Traurigsein umgehen. Ist Ihr Geist jedoch vom Glück besessen, könnten Sie auf das Traurigsein mit Depressionen oder Wut reagieren. Ich habe gelernt, dass der beste Weg zum Glücklichsein der ist, wenn man es sich nicht zum Ziel nimmt. Indem Sie nach persönlichem Glück gieren, wird es sich Ihnen umso mehr entziehen. Wenn Sie es zu Ihrem persönlichen Ziel machen, ist dies in Wirklichkeit das Ticket zum Unglück, weil Sie dann das »Ich« und das »Mein« in Ihren Mittelpunkt stellen. Einer meiner Lieblingssprüche lautet: »Wenn du willst, dass es dir dreckig geht, dann denk an dich. Wenn du glücklich sein willst, dann denk an andere.« Sobald ich von mir selbst besessen bin, ist das, was »*mich* glücklich macht«, höchstens kurzlebiger Natur.

Vielleicht verursacht das, was für uns gesund ist, anfänglich keine guten oder angenehmen Gefühle. Das kommt daher, dass wir uns ungesunde Aktivitäten angewöhnt haben. Geist und Körper können ebenso leicht negative Gewohnheiten annehmen, wie sie sich positive Gewohnheiten zu eigen machen. Das Ergebnis negativer Gewohnheiten ist, dass wir unglücklich sind. Die Konsequenz positiver Gewohnheiten ist, dass wir glücklich sind. Haben wir einen langen Tag im Büro verbracht, mag es uns zuweilen zu anstrengend erscheinen, noch die Kleidung zu wechseln und laufen zu gehen. Einfach fernzusehen, scheint uns da bequemer zu sein. Sollten Sie den Fernseher jedoch in der Absicht einschalten, glücklich zu werden, dann bedenken Sie bitte, dass das Empfinden von Glück aus gesunden Aktivitäten hervorgeht. Wir sollten uns also umziehen und ans Laufen machen oder die Glotze ausschalten und uns zum Meditieren hinsetzen.

Dreißig Minuten Körperbewegung oder dreißig Minuten Meditation auf Mitgefühl führen zu Vitalität und Glücksempfinden. Je besser wir das verstehen, umso häufiger werden wir es tun. Je häufiger wir es tun, umso gesünder fühlen wir uns dabei. Durch die gesunde Aktivität wird das Glücksempfinden in Körper und Geist das Kontinuum. Wir beginnen zu begreifen, wie sehr Unglück zu empfinden ganz einfach die Folge davon ist, dass wir uns auf das Falsche eingelassen haben. Wir widmen uns Aktivitäten, die nirgendwohin führen, oder haben bis zu einem gewissen Grad aufgegeben. Deshalb müssen wir unsere Disziplin aufrechterhalten. Wir entdecken, dass sie uns keineswegs zu Sklaven macht, sondern vielmehr Freude bringt – weil sie uns lehrt, welche Aktivitäten wir kultivieren und welche wir aufgeben sollen.

Der indische buddhistische Meditationsmeister Shantideva sagte im sechsten Jahrhundert, dass wir keine Grimassen ziehen sollten, wenn wir uns bei positiven Unternehmungen anstrengen, sondern vielmehr die Freude eines Elefanten verspüren sollten, der an einem heißen staubigen Tag ins kalte Wasser eines Teichs steigt. Eine Analogie, die mir eine Inspiration ist, denn das Hinarbeiten auf etwas Gutes ist nicht immer leicht. Tatsächlich kann es geradezu schmerzhaft sein. Ich denke an diesen Elefanten, wenn ich dabei bin, mich für zehn Tage oder einen Monat zur Meditation niederzulassen.

Diese Tage können achtzehn Stunden lang sein. Wir müssen um halb drei Uhr morgens aufstehen, wenn wir um drei Uhr anfangen, und unsere Meditationen und liturgischen Gesänge enden vielleicht erst um zehn Uhr abends. Aber ich bin, wenn ich aufwache, nur selten deshalb deprimiert. Gewöhnlich empfinde ich Enthusiasmus.

Das Stunden um Stunden fortdauernde Rezitieren und Meditieren, gleich ob es im Raum eiskalt oder unerträglich heiß ist, bewirkt bei mir eine Einstellung des Enthusiasmus, weil meine Aktivität einem guten Zweck dient. Ich vertiefe nicht nur mein Verständnis, meine Disziplin hilft auch anderen. Manche Rituale enthalten Gebete für kranke Menschen. Die Klöster führen auch alljährlich lange und ausführliche Praktiken für den Frieden und die allgemeine Gesundheit und das Wohlergehen aller Lebewesen aus.

Dieselbe Art von Anstrengung habe ich auf meinen Laufsport angewandt. Ich trainierte an zahllosen kalten frühen Morgen oder glühend heißen Nachmittagen – das ist oft meine einzige Gelegenheit zu laufen, wenn ich Belehrungen gebe oder im Kloster studiere. Ich versuche an die Kälte oder Hitze oder meine Erschöpfung mit der Freude des Elefanten heranzugehen, weil ich weiß, dass ich etwas Gutes tue.

Wie viele Läufer bedaure ich nur sehr selten einen Lauf. Mit der Freude und Disziplin des Schneelöwen kann ich fast in jeder Situation laufen. In einem Winter trainierte ich einst für den Miami-Halbmarathon. Ich hielt mich in Cape Breton auf, einem der am östlichsten gelegenen Punkte Nordamerikas. Es ist eine überwältigend schöne Insel, auf der Elche umherstreifen und kahlköpfige Adler hoch oben in den Bäumen hocken. Die Insel weist akadische Wurzeln auf und ist für keltisches Geigenspiel berühmt, aber ich war nicht wegen eines Ceilidh gekommen. Ich führte ein Meditations-Retreat durch. Zwar fand ich eine Möglichkeit, mich ab und zu kurz zum Laufen davonzustehlen, aber ich musste vor dem Marathon noch einmal einen wirklich langen Lauf absolvieren.

In der Nacht vor dem geplanten langen Lauf setzte ein heftiger Schneesturm ein. Mein Assistent Josh Silberstein, der für seinen ersten vollen Marathon trainierte, war am nächsten Morgen ziemlich enttäuscht, dass wir nicht laufen konnten. Aber als ich hinaussah, entdeckte ich, dass es zu schneien aufgehört hatte und sich unseren Blicken eine fantastische weiße Märchenlandschaft unter klarem blauem Himmel darbot. Also sagte ich: »Lass uns laufen.«

Wir packten unsere Laufschuhe in Plastiktüten und machten uns mit Schneeschuhen auf den Weg. Wir brauchten fünfundvierzig Minuten, nur um durch den hüfthohen Schnee die lange Auffahrt hinunterzustapfen. Schließlich erreichten wir die Straße, auf der es vollkommen still war. Dankenswerterweise war der Schneepflug schon vorbeigekommen. Dann machten wir uns an einen zweistündigen Lauf. Als wir durchs Dorf Ingonish kamen, winkten uns die Leute zu – belustigt, uns laufen zu sehen. Der Schneefall hatte eine fröhliche, gemütliche Atmosphäre geschaffen.

Als wir ein paar Tage später in Miami landeten, herrschten

dort dreißig Grad Celsius. Kein Mensch hätte geahnt, wo wir eben noch trainiert hatten. Josh und ich absolvierten beide unseren Lauf mit Erfolg. Josh war glücklich und ich auch – ein Ergebnis davon, dass wir unsere Disziplin und Freude einzusetzen wussten.

26.
Stolz

Die Freude, die wir in der Schneelöwenphase der Meditation empfinden, entsteht daraus, dass wir eine gewisse Ebene der Egolosigkeit erreicht haben. Beim Praktizieren von Achtsamkeit und Gewahrsein haben wir uns von einigem Gepäck befreit. Wir sind nicht mehr ganz so empfindlich. Wir haben die Last unserer Sorgen reduziert. Wir können klarer denken und schneller laufen. Mit unserem Ego wären wir zu aufgeblasen, um irgendwo hineinzupassen. Sind wir frei vom Ego, können wir überallhin gehen. Die Praxis des panoramischen Gewahrseins hat uns mit einer größeren, umfassenderen Welt verbunden, und wir sehen, dass wir ein Teil von ihr sind.

Wenn wir geistig und körperlich leichter sind, können wir zu den hochgelegenen Bergwiesen des Himalajas aufsteigen und die mit süßem Duft geschwängerte Luft riechen. Wir sind stolz darauf, in so guter Form zu sein. Vielleicht lässt uns das sogar ein bisschen arrogant werden. Ein Sturz, der eine potenzielle Gefahr in der Phase des Schneelöwen ist.

Die Tradition des Buddhismus kennt fünf Arten des Stolzes. Die erste Art rührt von der Position her, die wir einnehmen.

Sie kommen aus einer bedeutenden Familie, sind in eine wichtige Position befördert worden oder betrachten sich selbst als Teil einer Elite. Die nächste Art von Stolz rührt von Reichtum her, was sich auf Geld beziehen kann oder den Erwerb von neuen Besitztümern, etwa ein Auto oder Kleidung. Die dritte Art ist der intellektuelle Stolz: Sie sind stolz auf Ihr Wissen. Die nächste Art von Stolz rührt vom Können, von Jugend und Schönheit her. Sportler sind für diese Art Stolz besonders anfällig, weil sie sich aus dem körperlichen Erscheinungsbild herleitet. Sind Geist und Körper in Topform, ist immer etwas Stolz auszumachen. Die letzte Art von Stolz entsteht aus dem Glauben, dass man keinen Stolz hat.

Stolz ist ein geistiges Aufgeblähtsein, das sich auf eine falsche Selbsteinschätzung gründet: Wir haben uns überbewertet. Wenn wir eine Ökonomie wären, herrschte Inflation. Es heißt, dass mit der Entwicklung von Stolz alle anderen zuvor ausgebildeten Tugenden wie zum Beispiel Sanftmut und Disziplin zunichte gemacht werden. Wenn wir von uns selbst erfüllt sind, ist kein Platz mehr für die guten Qualitäten, an deren Entwicklung wir so hart gearbeitet haben. Stolz verärgert ganz offensichtlich auch unsere Mitmenschen, weil er uns für ihre Tugenden blind macht. Er kann uns auch in einer Weise ziemlich gefährlich werden, die den Weg zum Ruin pflastert.

Wenn wir auf irgendeinem wissenschaftlichen Gebiet den Nobelpreis gewonnen hätten, würden wir vermutlich nicht stolpern und fallen und unsere ganze Mathematik vergessen. Aber bei uns Läufern ist die Basis unseres Stolzes sehr viel zerbrechlicher, da sie auf einem gesunden Körper beruht. Wenn wir uns einen Muskel zerren, kann das für Monate das Aus bedeuten. Wir sollten möglichst keine stolzen, selbstbesessenen Schneelöwen sein.

Der Stolz zeigt sich vielleicht nicht gleich so deutlich. Wir haben das Gefühl, gut in Form zu sein und daher nicht so viel trainieren zu müssen. Wir denken, dass weniger herausfordernde Läufe unter unserer Würde wären. Unser Stolz verführt uns schließlich dazu, unsere Fitness für selbstverständlich zu halten. Und sobald das passiert, beginnt unsere Form dahinzuschwinden. Somit sind Demut und Bescheidenheit das offensichtliche Gegenmittel bei Stolz. Der Schneelöwe setzt die Bescheidenheit ein, um geerdet zu bleiben und weniger anfällig für das Stolpern und Fallen zu sein.

Demut und Bescheidenheit, gepaart mit Erfolg, das sieht immer gut aus. Mit Stolz gesalbter Erfolg wirkt dagegen prahlerisch. Wenn wir unsere Ziele erreichen, werden wir ganz offensichtlich Stolz empfinden – und das sollten wir auch. Doch der Stolz, um den es hier geht, ist eher eine Krankheit als eine Siegesfeier.

Humor ist ein gutes Mittel, um unseren Stolz in Grenzen zu halten. Humor deutet darauf hin, dass wir offen sind. Wir müssen nun nicht ständig irgendwelche Witze reißen oder Streiche spielen, aber wir haben eine flexible Einstellung. Laufen und Meditieren führen uns fortwährend in einen Zustand der Offenheit, weshalb wir vielleicht etwas Humor dazwischenschalten wollen, wenn wir merken, dass wir an unseren Leistungen und Erfolgen allzu sehr haften. Wir könnten etwas Zeit mit Freunden verbringen und uns aufheitern. Das hilft unserem Geist und unserer Einstellung und in jedem Fall auch unserer Meditation. Lachen zu können – vor allem über sich selbst – ist ein Überlebensinstrument in jedem Bereich unseres Daseins.

Im Tibetischen steht der Begriff *ngagyal* für »Stolz«, was sich mit »Ich *bin* großartig« übersetzen lässt. Dies ist etwas ganz anderes als »Ich *fühle mich* großartig«, was mehr mit Zuversicht zu tun hat. Zuversicht ist das Ergebnis positiver Qualitäten, wohingegen Stolz der Auswuchs negativer inmitten positiver Qualitäten ist. Von daher ist es wichtig, dass wir uns in der Phase des Schneelöwen über das, was wir erreicht haben, freuen und es genießen, unser Ego aber außen vor lassen.

Schneelöwenkontemplation: Glück

In der Phase des Schneelöwen kontemplieren wir das Gefühl, glücklich zu sein. Obwohl wir beim Laufen und Meditieren vielleicht schwierige Tage haben, gibt es vermutlich doch so einiges, wofür wir dankbar sein können. Das dankbare Wertschätzen dessen, was wir sind und was wir haben, lädt unsere Vitalität, Kraft und unsere Zielgerichtetheit mit Energie auf. Das Nachdenken darüber, was wir nicht haben, führt uns auf den Weg der Negativität und Verzweiflung. Wir können dankbar sein für unsere gute Gesundheit und die Möglichkeit zu trainieren, für unseren gesunden Geist und die Fähigkeiten unserer Sinne. Durch das Kontemplieren dieser Wahrheiten gelangen wir zur Schlussfolgerung, dass wir glücklich sind.

Zunächst einmal sind wir am Leben! Viele Menschen im Westen leben in Ländern, die politisch und ökonomisch gesehen relativ stabil sind. Wir haben die Freiheit, zu denken und zu tun, was wir wollen. Wir leben in Häusern, die sich heizen und kühlen lassen. Wir befinden uns in der Gesellschaft unserer Freunde und Familienangehörigen. Und in der Regel haben wir Zugang zu einer guten medizinischen Versorgung.

Wenn Sie Ihr Glück kontemplieren, kommen Ihnen vielleicht auch Gedanken wie »Ich lebe in Deutschland, würde aber lieber in Frankreich leben«, »Ich verdiene gut, bin aber nicht so reich wie Soundso« oder »Ich bin gesund, wünschte aber, ich wäre zehn Jahre jünger«. Wenn das passiert, dann machen Sie sich bewusst, dass Sie nicht mehr Ihr Glück kontemplieren, sondern Ihr Bedauern. Versuchen Sie, in der Gegenwart zu bleiben. Sie trainieren und entwickeln Ihren Geist. Beim Kontemplieren Ihres glücklichen Daseins fühlen Sie sich hocherfreut und privilegiert. Das lässt in Ihnen den Wunsch aufkeimen, Ihr Leben klug zu nutzen. Was wiederum zur Folge hat, dass Sie nach der Kontemplation dazu neigen, das, was Sie haben, mehr wertzuschätzen – und weniger Zeit auf den Wunsch zu verwenden, die Dinge mögen anders sein. Und somit verplempern Sie weniger kostbare Zeit.

Wenn wir uns glücklich schätzen, wollen wir uns unausweichlich in eine positive Richtung bewegen. Mit einer solchen Einstellung lassen sich schlechte Gewohnheiten problemloser ändern. Es fällt uns leichter, uns bei jemandem zu entschuldigen, als gegen jemanden Groll zu hegen, was die reinste Energieverschwendung ist. Die Arbeit, die wir machen, machen wir gut, statt uns zu wünschen, es gäbe einen anderen Weg.

Wenn wir uns glücklich schätzen, entwickelt sich in uns ein tiefes, starkes Gefühl dankbarer Wertschätzung. Wir werden vertrauter damit, und sie wird zu unserer Wesensnatur. Diese Kontemplation ist sehr wichtig, vor allem heutzutage, wo es so viel Werbung gibt, die uns erzählt, was wir alles nicht haben, und die uns zeigt, was uns angeblich fehlt. Die Werbebotschaft suggeriert zum überwiegenden Teil, dass uns der Erwerb des beworbenen Produkts das Gefühl gäbe, etwas Besonderes und vom Glück begünstigt zu sein, und dass wir deshalb dann zufrieden und glückselig wären. In Wirklichkeit müssen wir uns, um echte Glücksgefühle zu entwickeln, nicht noch einen Konsumartikel zulegen oder uns an einen anderen Ort begeben. Wir können das Gefühl des Glücks gleich hier und jetzt entdecken.

Wer in dieser geschäftigen Welt der vielen Wahlmöglichkeiten lebt, mag das Kontemplieren unseres glücklichen Daseins für einfältig oder auch naiv halten. Doch diese Meditation ist derart kraftvoll, dass ich Meditierende, die nur über ein einziges Kleidungsstück und genug Essen für einen Tag verfügten, davon sprechen hörte, wie viel Glück sie doch hätten. Und bei meiner Arbeit mit Menschen, die krank sind oder im Sterben liegen, ist diese Einstellung in zweierlei Hinsicht sehr wirkungsvoll für sie. Zunächst einmal empfinden sie fast immer Bedauern darüber, dass sie viel Zeit vergeudet haben, indem sie das, was sie besitzen, nicht zu würdigen gewusst und immer nach etwas gestrebt und um etwas gekämpft hatten. Und in ihren letzten Tagen wird ihnen oft auch klar, dass niemand von uns weiß, wie viel Zeit wir wirklich noch haben, und wir deshalb den gegenwärtigen Moment dankbar wertschätzen sollten. In den ihnen noch verbleibenden Tagen haben sie das Gefühl, mit dem glücklich zu sein, was sie ihr Eigen nennen können.

Die Erzeugung des Gefühls eines glücklichen Daseins muss nicht in eine überaus tiefe Meditation oder in einen außerordentlich anstrengenden Prozess ausarten. Wir können es einfach nutzen, um uns daran zu erinnern, dass wir das Glück haben zu leben.

Wenn wir diese Kontemplation beim Laufen einbringen, können wir besonderen Nachdruck auf den Gedanken legen, welches Glück wir haben, laufen zu können, gesund zu sein, uns im Freien aufzuhalten oder ein funktionierendes Laufband gefunden zu haben.

Ob Ihr Gefühl, Glück zu haben, von großer oder kleiner Intensität ist, soll zunächst einmal unerheblich sein, denn jeder Augenblick dankbarer Wertschätzung summiert sich. Vor allem nach einem Lauf empfinden die meisten Menschen dankbare Wertschätzung – und die können wir dann in unser ganzes Leben einbringen.

Teil IV

Garuda

27.
Der Garuda

Nachdem wir uns durch Achtsamkeit und Sanftmut auf der Tigerebene etabliert hatten, kosteten wir das Vergnügen, die Freude und die Disziplin der Schneelöwenphase aus. Nun treten wir in das Trainingsstadium des Unerhörten ein, in die Garudaphase. Wie gesagt wird der Garuda in den Kulturen Asiens als mythischer Vogel mit menschlichen Armen dargestellt, der sofort nach dem Ausschlüpfen zum Fliegen bereit ist. »Unerhört« wird diese Trainingsphase beim Laufen deshalb genannt, weil wir bereit sind, uns Herausforderungen zu stellen und die Grenzen unserer Komfortzone zu überschreiten.

Die Technik des Garudalaufs besteht darin, die Erfahrung einer neuen Umgebung zu machen, wodurch wir frischen Antrieb gewinnen können. Sie könnten also an einem unbekannten oder ungewohnten Ort laufen. Da dies eine zusätzliche Herausforderung bedeutet, wird es Ihre ganze körperliche und geistige Kraft erfordern. Es ist gut, wenn Sie sich auf die fundamentalen Grundlagen besinnen: das Ausrichten Ihrer Körperhaltung, das Arbeiten mit der Atmung und das richtige Aufsetzen der Füße. Diese Aufmerksamkeit und Achtsamkeit wird Ihnen die Stärke geben, Ihren Lauf zu Ende zu führen. Bringen Sie hier zugleich das panoramische Gewahrsein der Schneelöwenphase ein. Damit haben Sie beides, die aufs Detail gerichtete Aufmerksamkeit und die Wertschätzung der Umwelt.

Die Meditationstechnik des Garudas besteht darin, im gesunden Gleichgewicht von Achtsamkeit und Gewahrsein vorzugehen – mit dem Ergebnis, dass wir bisher bestehende Grenzen überschreiten können. Wenn wir uns im Meditationsstadium des Unerhörten befinden, wollen wir uns vielleicht der Herausforderung stellen, nun eine längere Sitzung durchzuführen. Waren wir bislang zwanzig oder dreißig Minuten gewohnt, wollen wir es jetzt vielleicht mit einer Stunde oder mehr versuchen. Wir kennen auch noch sehr viel längere Sitzungen, die im Tibetischen als *nyinthün* oder *dathün* bekannt sind. *Thün* bedeutet einen Zeitabschnitt. *Nyinthün* bedeutet einen ganzen Tag Meditation. *Dawa* ist das Wort für »Mond«, und *dathün* bedeutet demzufolge einen ganzen Monat Meditation.

Wir führen in vielen Shambhala-Zentren diese einen ganzen Tag, eine Woche oder einen Monat währenden Meditationen durch. Die Sitzungen beginnen am Morgen und werden von mehr oder weniger häufigen Geh- und Essenspausen unterbrochen. Diese intensiven Meditationssitzungen bedeuten eine Herausforderung, aber darin liegt auch ihr Nutzen.

Ich vergleiche diese länger andauernden Meditationssitzungen gern mit großen Expeditionen. Wenn wir beschließen, ein neues Land zu erkunden, und uns nur für eine Stunde dorthin begeben, machen wir lediglich eine kleine »Schnupper-Erfahrung«. Sobald wir uns einen Tag dort aufhalten, erfahren wir sehr viel mehr: Wir haben Zeit, ein bisschen über Kultur und Leute zu lernen. Wenn wir es aber einen Monat lang besuchen, wird es uns vertraut. Diese Meditationssitzungen bieten uns daher die Gelegenheit, unseren Geist zu erleben und zu entdecken und mit uns selbst vertraut zu werden. Wenn wir an einem *nyinthün* oder *dathün* teilnehmen, machen wir »zu Hause« Urlaub. Diese längeren Sitzungen sind ein hervorragend geeigneter Weg, um in der Meditationspraxis Übung zu erlangen und zu einem tieferen Wissen und Verständnis von ihrem Sinn und Zweck zu gelangen. Wir können allmählich erkennen, wie wir geistige Gewohnheitsmuster zu modifizieren vermögen, was dann auch in unserem Alltag zu größeren Veränderungen führen kann.

Beim Laufen ist diese Garudaphase hilfreich, weil sie uns zum Ausbruch aus einem eingefahrenen Trott veranlassen kann. Sie wird uns möglicherweise dazu bringen, mehr zu leisten, als wir selbst für möglich halten. Es ist immer gut, sich einer Herausforderung zu stellen, und sei es auch nur einer kleineren. Setzen Sie sich also in dieser Phase des Unerhörten ein Ziel, das für Sie eine Herausforderung bedeutet. Wichtig ist zu verstehen, was »unerhört« bedeutet. Es bedeutet wie gesagt nicht, dass wir etwas Gefährliches oder möglicherweise Schädliches tun – das stünde für ein unerhörtes Maß an Dummheit. Der Garuda ist auf der Intelligenzebene unerhört. Und die Herausforderung könnte in etwas so Einfachem bestehen, wie hinsichtlich der Zeit- oder Streckenlänge unsere bisherige Norm zu überschreiten.

Nachdem ich einige Marathons gelaufen war, beschloss ich, mich auf andere Weise einer neuen Herausforderung zu stellen, statt noch einen Marathon zu laufen und meine eigene bisherige Bestzeit zu unterschreiten. Ich hatte vor, etwas zu tun, was schwierig, aber nicht unmöglich war, und entschied, einen Ultramarathon von 52 Kilometern zu laufen. Da gerade kein Wettlauf dieser Art veranstaltet wurde, der in meinen Zeitplan gepasst hätte, ersann ich einen »Mini-Ultramarathon«, der in Nordcolorado stattfinden sollte. Ich besprach mich mit ein paar anderen Läufern, und alle waren sie erpicht darauf, daran teilzunehmen.

Das tibetische Wort für »unerhört« ist *p'hotso*, was »entschlossenes Abschätzen« bedeutet. Mit anderen Worten, wir kennen unsere äußersten Grenzen. Ich wusste, dass meine äußerste Grenze bei etwa achtundvierzig Kilometern lag. Hätte ich zu diesem Zeitpunkt versucht, einen Ultramarathon von hundertsechzig Kilometern zu laufen, wäre das nicht unerhört, sondern unrealistisch und für mich potenziell gefährlich gewesen. »Unerhört« zu sein impliziert in diesem Sinne gutes Urteilsvermögen und Herausforderung zugleich.

Am Morgen des Ultramarathons standen wir früh auf, um ihn nicht in der Mittagssonne beenden zu müssen. Ich aß mein Lieblingsfrühstück vor einem Lauf, Blaubeeren-Hafermehl-

Muffins, und danach fuhren wir zu der Stelle, von der aus wir starten wollten.

Ich hatte Mike Sandrock, den für den Laufsport zuständigen Reporter von Boulders »Daily Camera«, eingeladen, sich uns anzuschließen. Er dachte, es könnte eine interessante Geschichte werden. Wir Übrigen waren wegen des anstehenden langen Laufs ziemlich aufgeregt, aber Mike wirkt immer wie einer dieser Typen in einem Samuraifilm – der hartgesottene Krieger, der alles im Schwung nimmt. Es belustigte mich, dass er an diesem Morgen als Letzter aus dem Bett kam.

Unsere Route bestand aus einer Schleife von siebenunddreißig Kilometern und einer letzten Strecke von sechzehn Kilometern, die uns zum Shambhala Mountain Center zurückführte. Das ist ein in der Nähe von Red Feather Lakes, Colorado, gelegenes Retreat-Zentrum, dessen für den Frieden und die Erleuchtung errichteter, an die dreiunddreißig Meter hoher Stupa des Dharmakaya Besucher aus aller Welt anzieht. Das Gelände unseres Laufs war hügelig, abgelegen und wunderschön.

Die ganze Gruppe war von der Vorfreude erfüllt, wie sie oft am Beginn eines langen Laufs zu spüren ist. Wir wussten intuitiv, dass dieser Lauf – der Höhepunkt von sehr viel Training und Disziplin – für jeden wichtig war. Jetzt waren wir alle hier, waren präsent. Den Lauf in pechschwarzer Finsternis auf einer unbefestigten Landstraße zu beginnen war aufregend und auch ein kleines bisschen unheimlich. Einige hatten Stirnlampen aufgesetzt. Wir konnten uns atmen hören, als wir so im Dunkeln durch die Hügel liefen. Als die Morgendämmerung anbrach, waren wir schon eine Weile gelaufen, und der Sonnenaufgang war wie ein Willkommensgruß. Gleichzeitig war er ein Vorbote für die intensive Hitze der Sommersonne in Colorado.

Unser Lauf führte uns von 2550 auf 2250 Meter hinunter in ein Tal. Unten in der Talsohle durchquerten wir einige wunderschöne Canyons. Dann gelangten wir zum gefürchteten »Tal des Todes« – ein sich neun Kilometer lang dahinwindender Hügel. Das war der Teil, der für uns die größte Herausforderung bedeutete.

Kilometer dreißig bis dreiunddreißig ging es geradewegs bergauf, und wir gelangten schließlich wieder auf eine Höhe von 2700 Metern. Auf dem höchsten Punkt angelangt ging es den ganzen Weg bis zum Meditationszentrum langsam bergab. Ironischerweise war das der leichteste Teil des ganzen Laufs. Wir hatten alle viel Energie und liefen selbst in dieser Höhe eine gute Zeit.

Als wir dann auf den Großen Stupa zuliefen, standen die Leute am Wegesrand und feuerten uns an. Wir griffen uns eine Lungta-Gebetsfahne und erreichten den Stupa schließlich mit dem traditionellen Siegesschrei des Shambhala-Kriegers: »Ki ki so so!« Es war eine merkwürdige Empfindung, nach über fünf Stunden plötzlich nicht mehr zu laufen.

Dieser Ultramarathon hatte ganz eindeutig meine Grenzen ausgetestet. Davor war ich imstande gewesen, zweiundvierzig Kilometer zu laufen, und dies auf über achtundvierzig Kilometer auszudehnen war machbar. Das hier aber ging noch darüber hinaus. Es war mein unerhörter Lauf. Mein Körper spürte ganz eindeutig die Herausforderung, und ich war auch an meine inneren Grenzen angelangt.

Doch ich hatte mich richtig darauf vorbereitet. In den davorliegenden Wochen war ich an einem Tag achtundzwanzig und am nächsten Tag sechsundzwanzig Kilometer gelaufen, was innerhalb von achtundvierzig Stunden vierundfünfzig Kilometer ergab. Ich wusste also, dass mein Körper an einem Tag über fünfzig Kilometer laufen könnte. Geistig erwog ich das Für und Wider eines so langen Laufs und wusste, dass ich mir Schaden zufügen konnte. Aber als ich schließlich entschied, dass ich gut genug in Form war, um meine Fitness auf diese Art nutzbringend einzusetzen, verband ich diesen Lauf mit dem Sammeln von Geld für wohltätige Zwecke, und somit war auch ein Element emotionaler Befriedigung dabei.

Nach diesem Lauf unterhielt ich mich mit einigen Leuten, die sagten, sie könnten sich nicht einmal auch nur vorstellen, so lange zu laufen. Sie würden nur ein paar Kilometer schaffen. Ich sagte, dass es mir nur wenige Jahre zuvor genauso ergangen war. Ein Lauf von nicht mal zehn Kilometern fühlte sich an, als wären es achtundvierzig gewesen. Diesen Ultramarathon hatte ich nur laufen können, weil ich mich kontinuierlich herausgefordert hatte.

28.
Jenseits von Hoffnung und Furcht

Wie der Phönix in der chinesischen Tradition, der Adler im Staatswappen der USA oder als römisches Feldzeichen kann auch der Garuda für Macht und Autorität stehen. Aber in der tibetischen Tradition der Meditationspraxis repräsentiert er Gleichgewicht und Freiheit. Die ausgebreiteten Flügel des Garudas verweisen auf das Gleichgewicht von fokussierter Achtsamkeit und panoramischem Gewahrsein. Da der Vogel in alle Richtungen fliegen kann, hat er eine umfassende Sicht, was ihn zur genauen Einschätzung aller möglichen Situationen befähigt. Insbesondere symbolisiert der Garuda das Freisein von Hoffnung und Angst – von unserem Hoffen, dass etwas geschehen wird, und unserer Angst, dass etwas Erwartetes nicht eintrifft.

Hoffnung und Angst entspringen zweierlei Arten von Schmerz: dem Schmerz, nicht das anzutreffen, was wir wollen, und dem Schmerz, das anzutreffen, was wir nicht wollen. Wir erleben häufig den Frust, etwas nicht zu bekommen, was wir wollten, aber auch das zweifelhafte Vergnügen, etwas zu bekommen, was wir gar nicht mochten. Das passiert im Großen wie im Kleinen: Wir suchen ein bestimmtes Restaurant auf, und das spezielle Gericht, das wir uns einverleiben wollten, ist ausverkauft. Es gibt nur noch Tofuburger, die wir nicht mögen. Der Sport bietet ganz allgemein ein elementares Beispiel für Hoffnung und Furcht. Wir hoffen zu gewinnen und fürchten zu verlieren. Beim Laufen werden wir fortwährend von Hoffnung und Angst belagert. Auch die Meditation ist ein gutes Beispiel für die Erfahrung von Hoffnung und Furcht: Wir hoffen, tiefe Verwirklichung zu erfahren, und befürchten, dass dies nicht eintreten wird.

Insbesondere für Läufer und Meditierende ist es überaus wichtig, wie der Geist mit Schmerz und Lust umgeht. Wie ich bereits sagte, ist der Geist in seiner grundlegendsten Form eine neutrale Wesenheit. Wir können das mit einem Filmbesuch vergleichen. Wenn es sich um einen Horrorfilm handelt, kann der Geist mit dem Schmerz nicht umgehen und versucht, davon wegzukommen. Vielleicht möchten wir sogar das Kino verlassen. Handelt es sich hingegen um eine gute romantische Komödie, kann der Geist gar nicht genug davon kriegen. Wir wollen nicht, dass der Film sich seinem Ende zuneigt. Wenn der Geist Lust empfindet, will er von dieser Lust nicht getrennt werden. Wenn wir den Geist beobachten, können wir sehen, wie diese beiden Prinzipien wirken.

Beim Umgang mit dem Schmerz liegt die Schwierigkeit gar nicht so sehr beim Schmerz selbst, sondern vielmehr bei der Unfähigkeit des Geistes, den Schmerz zu bewältigen. Beim Meditieren können viele nicht mit dem Schmerz umgehen, der durch die Körperhaltung, durch beunruhigende Gedanken oder durch Langeweile entsteht. Nicht die Langeweile an sich ist schmerzlich, sondern die Unfähigkeit des Geistes, sie zu handhaben. Was den Geist aufbringt, ist oftmals die Tatsache, dass er selbst hysterisch wird: Wir können nicht mit beidem umgehen, dem Schmerz und dem hysterischen Geist. Wenn also in der Meditation oder beim Laufen Schmerz entsteht, müssen wir den Unterschied spüren zwischen dem Schmerz selbst und der Unfähigkeit des Geistes – oder im Falle des geschulten Geistes mit seiner Fähigkeit –, mit dem Schmerz umzugehen.

Ist die Situation hingegen vergnüglich, will der Geist noch mehr Vergnügen und Lust. In der Meditationspraxis kennt man das als »die Verführung ruhiger Geisteszustände«: Der Meditierende will nur noch inneren Frieden, Ruhe und Gelassenheit erleben. Der Geist hängt an der Lust und dem Vergnügen meditativer Zustände und somit an lustvollen geistigen Verfassungen. Beim Laufen werden wir süchtig nach dem sogenannten Läuferhoch. Wenn wir noch mehr Lust daraus beziehen wollen, wird der Geist im Grunde genommen abhängig. Ein Verzicht auf diese Lust lässt uns vielleicht niedergeschlagen oder auch wütend werden, was schmerzlich ist, weil wir mit der Angst vor dem Verlust unseres Objekts der Begierde nicht umgehen können. Gleich, ob wir nun allzu viel laufen oder meditieren, um lustvolle Zustände zu erleben, in beiden Fällen verwandeln wir etwas natürlich Wohltuendes in etwas Problematisches.

Dass wir im Verlauf unseres Daseins beides erleben, Lust und Schmerz, ist unvermeidlich. Lernen wir, damit umzugehen, führt das zu Harmonie und Glück. Wenn wir in der Meditation mit Schmerz oder Langeweile nicht umgehen können, werden der Schmerz oder die Langeweile Herr über uns. Dann verbringen wir den Großteil unseres Lebens in dem Bemühen, uns nicht der Langeweile auszusetzen oder keinen Schmerz zu empfinden. Haben wir jedoch die Kontrolle über unseren Geist, dann wissen wir, dass wir auch mit Schmerz und Langeweile umgehen können.

Falls wir von der Lust verführt werden, beherrschen Lust und Vergnügen unser Leben. Bringen wir aber unserem Geist Wertschätzung entgegen und haben wir Freude an ihm, dann jagen wir nicht ständig dem oberflächlichen Vergnügen nach. Das gibt uns ein gesundes Gefühl von Unabhängigkeit, was sowohl der Meditation als auch dem Laufen zugutekommt.

Diese Unabhängigkeit befreit uns von einer Art der Hoffnung, die ständig irgendetwas *möchte*. Eine solche Hoffnung ist ein Zeichen dafür, dass man nie Befriedigung findet. Damit sind wir auch frei von der Angst, die schmerzhaften Situationen stets auszuweichen versucht. Das sind extreme Geisteszustände. Ein ständiges Hin-und-her-Pendeln zwischen Hoffnung und Furcht erzeugt einen instabilen und problematischen Geist.

Sowohl beim Laufen als auch beim Meditieren brauchen wir Fokussierung, Entschlossenheit und ein Ziel. Gleichzeitig können die Entschlossenheit und das Ziel zur Krankheit werden.

Wir werden ehrgeizig und damit von Hoffnung und Angst geplagt, was zur Destabilisierung unseres Trainings und unserer Praxis führt. Daher impliziert die Phase des Garudas das Aufgeben von Hoffnung und Furcht – nicht als Technik, um ein Ziel zu erreichen, sondern aufgrund der tiefen Einsicht, dass Hoffnung und Furcht unser Potenzial ersticken und unser geistiges Wohlbefinden nachhaltig beeinträchtigen. Sie verengen unseren Geist und beschränken unsere Möglichkeiten. Es ist einfach ein Teufelskreis, in dem die Hoffnung von der Angst und die Angst von der Hoffnung angetrieben wird. Wir können uns keine großen Träume erlauben, weil wir von unseren Ängsten geplagt werden. Um aus diesem Kreislauf auszubrechen, müssen wir uns von solcher Kleingeistigkeit befreien, indem wir uns in einen immer größer werdenden Raum hinein entspannen.

Hoffnung und Angst sind die Folge unserer Unfähigkeit, dem, was wir haben und was wir erreicht haben, dankbare Wertschätzung entgegenzubringen. Was unsere Meditationspraxis angeht, so entwickeln wir in der Garudaphase mehr Intelligenz. Diese Art von Einsicht ist als *prajna* bekannt, ein Sanskritwort, das »höheres Wissen« oder »das beste Wissen« bedeutet. Wir erkennen allmählich, wie der Teufelskreis aus Hoffnung und Angst nicht nur unser Laufen, sondern auch unser Leben untergräbt. *Prajna* erlaubt uns, unserem paranoiden Geist Weisheit entgegenzusetzen und seine Neigung zu mindern, in Szenarien der Hoffnung und Angst abzudriften. So hilft uns das Laufen, bei dem wir unsere bisherigen Grenzen überschreiten, unseren Geist auszudehnen. Wir nutzen unsere Garudaläufe, um mit unserem Geist zu arbeiten und ihn abzufangen, bevor er in die geschlossenen Kreisläufe von Hoffnung und Angst eintritt.

Wir können uns bei unseren Meditationssitzungen mit diesen Kreisläufen beschäftigen. Wenn wir in der Meditation unseren Geist zu beobachten beginnen, erkennen wir, wie viel von unserer psychischen Energie wir in diese beiden Kreisläufe stecken. Die Praxis der Überwindung der Hoffnung besteht darin, dass wir unsere positiven Qualitäten erkennen. Wenn wir exzessiv hoffen, beginnen wir das von uns Erreichte kleinzumachen. Dann fühlen wir uns womöglich untauglich und haben Angst, nicht noch mehr zu erreichen. Diese Angst stuft unsere Leistungen herab und spornt unsere Hoffnung an. Mit »Hoffnung« ist hier das Gefühl gemeint, nicht gut genug zu sein. Wenn wir beim Meditieren merken, dass wir in die Hoffnung abgleiten, dann üben wir uns darin, uns in die, die wir sind, und in das, was wir erreicht haben, hinein zu entspannen.

Hoffnung und Angst werden nicht dadurch überwunden, dass wir uns kleinmachen. Vielmehr müssen wir uns selbst inspirieren und motivieren. Das schließt die Praxis des Visualisierens mit ein, die mit der Theorie »Du bist, was du denkst« arbeitet. Wenn Sie etwas Friedvolles visualisieren, werden Sie friedvoller. Wenn Sie etwas Erschreckendes imaginieren, bekommen Sie Angst.

Eigentlich benutzen wir immerzu irgendeine Form von Visualisierung. Die Auswirkungen dessen lassen sich ganz direkt bei Alltäglichkeiten wahrnehmen, denn wenn wir beispielsweise eine Pizza visualisieren, bekommen wir Appetit. Wenn wir einen Bären visualisieren, der uns auf unserem Laufpfad nachjagt, bekommen wir Angst. Das Visualisieren ist also gar nichts Ungewöhnliches. Im Sport ist es durchaus Standard geworden, ein Rennen oder einen Lauf zu visualisieren. Ich fahre die Route vorher gern ab. Wenn ich dann später auf der Strecke bin, bewege ich mich gewissermaßen durch meine Visualisation.

Zwischen Visualisieren und Fantasieren besteht ein Unterschied. Im Allgemeinen setzt man das Visualisieren am besten so ein, dass man das ideale Szenario, also das perfekte Bild visualisiert. Wenn Sie wissen, dass Sie einen Drei-Stunden-Marathon laufen können, ist es völlig realistisch, wenn Sie ein Tempo von drei Stunden und zehn Minuten visualisieren. Sollten Sie visualisieren, dass Sie ihn in zwei Stunden und zehn Minuten laufen würden, wäre das Fantasie.

Beim Visualisieren müssen Sie das Mögliche simulieren. Wenn Sie sich zum Beispiel in einer fortgeschrittenen Meditationspraxis üben, kontemplieren Sie erst die Qualitäten von Mitgefühl und Liebe und beginnen dann, sie bei sich selbst zu fördern. Sie denken zunächst an jemanden, den Sie sehr lieben, und erzeugen so das Gefühl von Liebe. Versuchen Sie, dabei zu bleiben, werden Sie damit vertraut. Dadurch verankert sich diese Liebe in Ihnen. Später wird es Ihnen leichter fallen, diese Liebe in sich zu erfahren.

Eine Form der Praxis des Visualisierens beim Laufen ist die, dass Sie zuerst visualisieren, wie Sie den Lauf absolvieren, um ihn dann tatsächlich durchzuführen. Nutzen Sie das Visualisieren, um Ihr Potenzial zu erweitern, statt sich neu zu erfinden oder auch zu verbessern. Das ist eine der Meditationspraxis entstammende zentrale Lektion: dass man sich auf das Positive konzentriert, während man erkennt, wo und wie man sich verbessern kann. Es ist eine beim Umgang mit der Angst hilfreiche Technik.

Angst ist die Folge davon, dass man nicht die Erfahrung von etwas Unangenehmem machen möchte. Also haben wir Angst vor dem Gefühl, den Wettbewerb zu verlieren, oder wir fürchten, unser Ziel nicht zu erreichen. Falls unsere Ziele unrealistisch sind, gibt es natürlich auch mehr Anlass dazu. Indem wir uns als Erstes mit unserer unrealistischen Hoffnung befassen, befreit uns das in gewissem Maße von unserer Angst. Wenn wir dann die Erfahrung unseres natürlichen Gesundseins machen und respektieren, wer wir sind – unser Selbstwertgefühl wahrnehmen –, entziehen wir der Angst die Grundlage.

Die Hoffnung selbst ist eine große Schwindlerin. Unserem Gefühl nach kommen wir dem näher, was wir wollen, tatsächlich aber lockt sie uns davon weg. Eine Dynamik, die in hohem Maße für Meditierende gilt und für Läufer sehr real ist. Die Hoffnung hat immer ein illusionäres Objekt im Sinn. Sie ist das Gefühl, dass wir uns in irgendeinen künftigen Seinszustand hineinkatapultieren. So sehen wir uns beispielsweise den Wettbewerb gewinnen. Angst ist die Folge davon, dass wir nicht über genug Weisheit oder Wissen verfügen. Die Angst lässt uns eine Situation durch die Augen der Furcht objektivieren, statt zu sehen, was tatsächlich geschieht. Die Angst treibt uns zu reflexartigen Reaktionen.

Bei Athleten ist die Angst häufig mit Anhaftung verbunden. Wir hängen an unserem Körper und haben deshalb Angst, unsere Kraft und Gelenkigkeit oder Fitness zu verlieren oder uns eine Verletzung zuzuziehen. Das Anhaften bringt für sich genommen nicht viel Nutzen: Im Wesentlichen fixieren wir uns einfach. Ob wir nun an etwas haften oder nicht, um unsere Fitness wird es mal besser und mal schlechter bestellt sein. Uns darüber Sorgen zu machen und so die Angst noch zu schüren ist wenig hilfreich.

Es überrascht nicht, dass Läufer an ihren sportlichen Anstrengungen haften so wie viele Gelehrte an ihrem Wissen und ihrem Status. Letztere haben oftmals das Gefühl, die Tatsache, etwas zu wissen, was andere nicht kennen, mache sie überlegen. Athleten haben vielfach das Gefühl, dass ihre Fitness ihnen Überlegenheit verleiht. Daher ist es ganz natürlich, wenn Athleten mehr an ihrer körperlichen Fitness haften. Doch das kann dazu führen, dass es den Geist erschöpft. Es ist eine Ebene von Hoffnung – dieses Haften und Festhalten an einer idealisierten Version seiner selbst.

Je stärker die Anhaftung, desto stärker schwingt das Pendel von Hoffnung und Angst aus. Diese Kreisläufe schädigen den Körper und bringen ihn völlig durcheinander. Es kann geschehen, dass wir nach einer intensiven Trainingsphase von der Hoffnung erschöpft sind. Dann lassen wir vielleicht das Training sausen und beginnen zuzunehmen, fallen genau in das hinein, wovor wir Angst hatten. Wenn wir so viel Hoffnung und Fixierung haben, werden wir vom Festhalten ganz erschöpft und müssen loslassen. Dann werden wir schwer, verlieren an Gesundheit und geraten außer Form.

Ein gewisses Maß an Hoffnung und Angst ist vermutlich unvermeidlich, aber wenn sie exzessiv werden, kann uns das körperlich und geistig destabilisieren. Die Intelligenz und präzise Einschätzung des Garudas helfen uns dabei, uns allmählich stärker zu erden. Und das gibt uns die Freiheit und das Gleichgewicht, über Hoffnung und Angst hinausgehen zu können. Angst heißt, nicht an unsere grundlegende Gutheit zu glauben. Hoffnung heißt, nicht darauf zu vertrauen, dass sie existiert. Beim Meditieren bedeutet Hoffnung die Unfähigkeit, die guten Eigenschaften unseres Geistes zu erkennen. Angst bedeutet, kein Vertrauen in die inhärente Stärke unseres Geistes zu haben. Deshalb führt uns die Hoffnung weg von uns selbst und schiebt uns die Angst etwas Ungewolltes zu. So gesehen bedeutet Hoffnung, dass wir nicht zufrieden sind mit dem, was wir haben. Und Angst bedeutet, nicht mit dem umgehen zu können, was wir nicht haben wollen. Aus diesem Kreislauf auszubrechen ist im besten Sinne »unerhört«. Das ist das Geschenk des Garudas.

29.
Spontanität

Wir wissen nie, was als Nächstes geschehen wird. Lebendig zu sein heißt, dafür da zu sein. *Spontan* bedeutet »ungeplant und unmittelbar«. Eine spontane Aktivität lässt sich nicht wirklich planen; man muss im Augenblick präsent sein und es geschehen lassen.

Beim Laufsport lädt die Spontanität unseren Lauf mit Energie auf. Bei der Meditation bringt Spontanität Frische in die Praxis. Darin liegt eine gewisse Ironie: Weil wir uns im Präsentsein üben, sollte unsere Meditation immer inspirierend und frisch sein. Da wir aber Gewohnheitstiere sind, neigen wir dazu, sogar unsere Spontanität zu normieren. Echte Spontanität dient dazu, uns an unsere ursprüngliche Absicht zu erinnern.

Beim Aufbau einer Basis nutzen wir die Routine, um die positiven Qualitäten von Körper und Geist aufzubauen und zu stärken – beim Laufen starke Knochen und kräftige Muskeln und beim Meditieren Achtsamkeit und Gewahrsein. Wir brauchen jenes starke Fundament, um diese Aktivitäten als Grundlage für Fitness, Gesundheit, inneren Frieden und Weisheit zu nutzen.

Sowohl beim Meditieren als auch beim Laufen müssen wir, um eine Basis aufbauen zu können, beständig sein. Doch existiert immer ein schmaler Grat zwischen dem Aufbau einer Basis – Disziplin und Routine zu haben – und dem Abdriften in den Trott. Manchmal verlieren wir im Bemühen um Beständigkeit unsere Inspiration. Unsere Spontanität kann sich verflüchtigen, wenn das Laufen oder Meditieren zur Routine wird. Es kann passieren, dass die Routine uns auslaugt. In der Meditationspraxis kennt man dieses Phänomen als »Überanwendung des Gegenmittels«.

Wenn wir unsere ursprüngliche Absicht vergessen, ist das ein weiterer Faktor, der unser Lauftraining oder unsere Meditationspraxis sabotiert. Wenn wir vergessen, warum wir es tun, fühlen wir uns nicht mehr inspiriert, zu laufen oder zu sitzen. Dann verlieren wir allmählich unser Fundament. Unser Körper gerät außer Form, und unser Geist gerät unter Stress.

In der Phase des Garudas laufen wir auch dann mit dem Geist der Spontanität, wenn wir unseren Lauf immer auf denselben Straßen zur selben Zeit mit denselben Leuten absolvieren. Vielleicht fühlen Sie sich dazu inspiriert, zur Abwechslung mal zu einem Baum auf der Wiese zu laufen oder mal einen anderen Hügel hinaufzusprinten. Vielleicht lassen Sie die anderen Läufer die Route auswählen. Sogar auf dem Laufband können Sie einen Lauf im Geist der Spontanität durchführen, können Sie das Tempo oder den Neigungsgrad ändern, um ein neues »Territorium« zu erforschen.

Die Spontanität kann dazu dienen, unsere Absicht und unsere Zielsetzung wieder neu zu erwecken. Sie kann unseren Impuls ändern und Energie in unser Tun bringen. Sie kann uns aus unserer Routine ausbrechen lassen und unsere Sicht erweitern. So bewegt sich der Garuda über Hoffnung und Angst hinaus.

30.
Laufpfade, Hügel und Wetter

Mit das Beste am Laufsport in Colorado ist das Laufen auf schmalen, sich durch Vorgebirge und Berge schlängelnden Pfaden. In der Nähe des Shambhala Mountain Center finden sich endlose Wege, auf denen man durch Bergtäler und steile Abhänge hinauflaufen und gelegentlich durch einen Bach waten oder über ihn hinwegspringen kann. Die Region um Boulder verfügt über die am weitesten ausgedehnten Pfad- und Wegesysteme des Landes. Hier zu laufen trägt sehr zur Harmonisierung von Geist und Körper bei.

Sich auf solchen Pfaden zu bewegen ist auch gut für das Kerntraining, weil man sich immer wieder ein bisschen anpassen und über Steine und Felsgeröll springen muss, was wunderbar für den Gleichgewichtssinn ist. Die Aufmerksamkeit muss fokussiert bleiben, damit man nicht stolpert oder hinfällt, und gleichzeitig muss man entspannt bleiben. Das ist eine großartige Methode, präsent zu sein. Zudem muss man hier oft langsamer laufen, was für den Körper weniger anstrengend erscheint. Und auch das Laufen auf dem nackten Erdboden statt auf Asphalt oder Beton wirkt sich auf den Körper weniger heftig aus.

Fast immer wird der Pfad über Hügel führen. Und die Läufer werden oben auf der Spitze mit einem interessanten Szenenwechsel oder mit einer besonders atemberaubenden Aussicht belohnt.

Auch schon ein ganz kleiner Hügel verändert das Laufen völlig. Sofort muss der Körper härter arbeiten, was manchmal eine ganz schöne Herausforderung sein kann. Geht es bergauf, ist meine Herangehensweise eine des »Sichergebens« bei gleichzeitiger Entschlossenheit. Vor allem bei einem großen Hügel ist mit »sich ergeben« nicht einfach »aufgeben« gemeint. Es bedeutet vielmehr anzuerkennen, dass der Hügel eine Kraft ist, mit der es zu rechnen gilt. Ich versuche, sie zu respektieren, statt so zu tun, als sei sie gar nicht vorhanden, oder bis oben dagegen anzukämpfen. Gleichzeitig ist Entschlossenheit gefordert, denn ohne sie fühlen wir uns überwältigt, und der Hügel scheint uns langsam zu schlagen. Unsere Haltung bricht zusammen, und unsere Energie erschöpft sich.

Für den Big-Sur-Marathon habe ich an Hügeln trainiert, und als ich dann bei der bekannten Anhöhe dieses Marathons anlangte, fühlte ich mich dazu angespornt, sie hinaufzulaufen. Nicht dass es keine Herausforderung gewesen wäre, aber meine Freunde und ich respektierten diesen Hügel und waren entschlossen, und so schafften wir es bis zu seiner Spitze. Bei diesem Marathon folgten auf diesen großen Hügel einige weitere Erhebungen, die dann für manche Teilnehmer entmutigend waren; wir aber konnten an diesem Tag mit ihnen arbeiten. Tatsache ist, sie bestärkten noch unsere Entschlusskraft. Und als wir die letzten Hügel hinaufliefen, feuerten uns die Leute an.

Läuft man hingegen auf leicht abschüssigem Gelände nach unten, kann man oft in einen fließenden und synchronisierten Laufschritt hineinkommen. Weil ein bisschen Schwungkraft vorhanden ist, hat man das Gefühl zu fliegen. Mein Marathonlaufkollege Jon Pratt sagte, wenn er Hügel hinunterlaufe, sei er sich seines Ichs nicht bewusst. Viele Läufer kennen dieses Gefühl von Leichtigkeit und Freiheit. Was wir da fühlen, ist die Balance und Freiheit des Garudas.

Ich bin ziemlich oft bei extremen Wetterbedingungen gelaufen. Als Läufer hat man da keine Wahl. Und weil ich immer in verschiedene Klimazonen reise, habe ich es manchmal mit unglaublichen Temperaturunterschieden zu tun, von minus fünfunddreißig bis zu über fünfundvierzig Grad Celsius. Einer meiner denkwürdigsten Tage ist der, an dem ich den Mount Margaret Trail in Colorado lief.

Ich hatte gerade eine lange Belehrung über Meditation und buddhistische Philosophie beendet. Es war später Nachmittag, und ich dachte, ich hätte noch Zeit für einen Lauf. Wir fuhren mit einer Gruppe zwanzig Minuten zum Mount Margaret, stiegen aus dem Auto und begannen zu laufen. Wir bemerkten, dass sich im Norden eine dunkle Wolkenwand zeigte. Während wir liefen, kamen die Wolken näher, die Temperatur sank dramatisch ab, und es begann zu regnen. Als wir umzukehren beschlossen, zog die massive dunkle Wolkenwand direkt auf uns zu und erhöhte die Messlatte mit Hagel und Blitzen. Je näher wir dem Wegesende kamen, desto näher kamen auch die Blitze. Wir wussten, dass wir in Schwierigkeiten gerieten, wenn Blitz und Donner gleichzeitig erfolgten. Aber dann stießen wir auf eine große Rinderherde. Die Tiere schienen verängstigt und verschreckt, muhten und galoppierten herum. Inzwischen schlugen die Blitze ringsumher ein, begleitet von horizontalen Regengüssen. Wir wurden mit Hagelkörnern bombardiert und fanden uns von frei herumgaloppierenden Kühen umgeben.

Jemand sagte, es sei gut, mit dem Vieh zu rennen, denn wenn der Blitz einschlüge, würde er als Erstes die Rinder treffen. Das kam mir nicht besonders mitfühlend vor, aber in Zeiten von Angst und Gefahr verflüchtigt sich das Mitgefühl oft als Erstes. Deshalb üben wir uns darin, es in der Meditation zu stabilisieren. Das Unheimlichste war, dass uns die Wolken und Blitze zu folgen schienen: Machte der Pfad eine Biegung nach links, zogen auch die Wolken nach links. Wir liefen durch ein halb bewaldetes Gebiet, aber um zum Auto zurückzukommen, mussten wir eine große freie Wiese überqueren. Wir sprinteten also über diese Wiese, wo wir leicht vom Blitz getroffen werden konnten, und fühlten uns wie Zielobjekte auf einem Schlachtfeld.

Unter diesen Umständen liefen wir die zweite Hälfte des Weges schneller als die erste. Die Kühe folgten uns lange Zeit, doch schließlich mussten sich unsere Wege trennen. Als wir beim Auto ankamen, schlug der Blitz ganz in der Nähe ein. Wir waren glücklich, überlebt zu haben. Das Wetter hatte uns deutlich über unsere Komfortzone hinausgeführt, und wir waren während dieses Laufs zweifellos sehr präsent und aufmerksam.

31.
Dem Himmelsraum gleicher Geist

Ich hatte an einem kühlen frischen Morgen in den schottischen Highlands einen fünfzehn Kilometer langen Lauf vor. Jon Pratt und ich trainierten in diesem Winter sehr viel, und beide waren wir in guter Form. Dieser Lauf hatte etwas Bezauberndes und Magisches an sich. Mein Geist war sehr klar, und ich blieb völlig präsent, bemerkte jeden Stein auf dem Pfad und jeden Tautropfen, der an den Kiefernadeln funkelte. Jede Windbö belebte und erfrischte mich. Sogar der klare Widerhall unserer auf dem Pfad aufkommenden Fußschritte brachte mich zum Augenblick zurück. Beim Ein- und Ausatmen entstanden Dampfwölkchen. Ich fühlte mich mit dem Himmel und der Erde verbunden. Mein Geist war für alles in der Umgebung völlig da, doch blieb er ruhig und gelassen, und ich war mir meiner gewahr und bewusst.

Bei diesem Lauf erlebten wir Meditation in Aktion. Im Tibetischen kennt man dies als *selwa* – »Gewahrsein und Klarheit«. Wenn der Geist absolut präsent ist, ist er entspannt, beweglich und sensitiv. Er fühlt sich leichter und klarer an. Er bemerkt alles, wird aber von nichts abgelenkt.

Selbstgewahrsein wird gewöhnlich als Ichbewusstsein im Sinne eines eher negativen ichbezogenen Geisteszustandes verstanden, dem es an geistiger Weite mangelt. Wir sind dann vielleicht introvertiert oder klaustrophobisch. Dieser Zustand ist nicht *selwa*. Wir sind uns unser selbst bewusst, aber unser Geist ist weder klar noch beweglich. Tatsächlich handelt es sich hier um einen Zustand der Verwirrung. Da unser Blickfeld und geistiger Horizont beschränkt sind, fällt es schwer, präzise Entscheidungen zu treffen. Wir sind so befangen, dass wir keine Perspektive von unserem Tun haben. Uns fehlt *prajna*.

Das klare und wissende meditative Selbstgewahrsein, das Jon und ich an diesem Tag erlebten, war das Ergebnis davon, dass der Geist frei von »Gepäck«, in seinem Umfeld entspannt und voller dankbarer Wertschätzung war. Wir kannten unseren Platz innerhalb der Gegebenheiten – verstanden, dass wir nicht von unserer Umwelt getrennt existierten. Daher wollten wir geistig auch nirgendwo anders sein, denn wir waren wirklich und wahrhaftig im Hier und Jetzt. Wir wurden nicht von negativen Gedanken oder Tagträumereien abgelenkt. Der Geist befand sich in völliger Übereinstimmung mit seinem Umfeld. Und weil er diese Erfahrung mit keiner anderen Situation aus der Vergangenheit verglich und auch keinen Wunsch nach etwas Besserem in der Zukunft hatte, kam keine Langeweile auf. Der Überschwang und die Freude eines solchen Zustands bedeuten nicht unbedingt eine Hochgestimmtheit; vielmehr handelt es sich um das Gefühl tiefer Befriedigung. Es sind die Zufriedenheit des Tigers, das Entzücken und die

Freude des Schneelöwen und die Freiheit und die Balance des Garudas.

Es war kein Paralleluniversum oder irgendeine Art von High, das wir an diesem Tag erlebten. Es war auch keine zufällige Begebenheit oder irgendeine Laune. Vielmehr begannen wir die natürlichen Eigenschaften und Qualitäten unseres Geistes zu fühlen – das natürliche Resultat unserer Meditationspraxis.

Viele Läufer haben die Erfahrung dieser Ebene von Klarheit und Präzision gemacht. Mangels eines besseren Begriffs nennt man es »Läuferhoch« oder »Runner's High«. Gemeinhin wird angenommen, dass es auf der körperlichen Ebene durch die Freisetzung von Endorphinen ausgelöst wird. Richtig ist, dass beim Laufen oder anderen körperlichen Aktivitäten Endorphine freigesetzt werden und wir weniger schmerzempfindlich sind. Und auch in der Tradition der Meditationspraxis bedienen wir uns körperlicher Übungen als Hilfsmittel, um den Geist zur Ruhe zu bringen. Diese funktionieren nach dem Prinzip, dass der Körper von Aufregung und Stress gereinigt und befreit wird. Wenn wir den Körper durch Bewegung erschöpfen, lässt sich mit dem Geist besser arbeiten. Ebenso gilt, dass, wenn wir nach der Arbeit ein gutes langes Lauftraining absolvieren, der Körper zur Erschöpfung gebracht wird und sich dadurch direkt oder indirekt mit dem Geist angenehmer und besser arbeiten lässt. Es besteht ein direkter Zusammenhang zwischen körperlicher Anstrengung und geistiger Befreiung.

Die bei der Meditation eintretende Ebene von Klarheit ist nicht einfach die Folge körperlicher Aktivität. Vielmehr ist diese Klarheit das, was der Geist ist, nämlich dem Himmelsraum gleich. Stress und Aufregung sind wie Wolken. Wenn wir den Himmel nicht oft zu sehen bekommen und er plötzlich durch die Wolken durchscheint, empfinden wir seine Klarheit vielleicht als etwas nicht Normales, aber wir wissen, dass es der Himmel ist. So auch bei der Meditationspraxis: Wenn diese den natürlichen, himmelsraumgleichen Geist durch die Wolken des diskursiven Denkens und der Sorgen hindurchbrechen lässt, sehen wir die dem Geist inhärente Klarheit, Gewahrsein und Freude.

Je vertrauter wir mit diesem Gewahrsein und dieser Freude werden, desto mehr werden diese zum Kontinuum unseres Geistes. Wenn wir hingegen die Gewohnheit in uns einwurzeln, uns zu ängstigen und zu sorgen, wird *das* zu seinem Kontinuum. Der Unterschied zwischen Stress und Klarheit besteht darin, dass die Klarheit inhärent, kein Konstrukt ist. Ganz gleich, wie viele wolkige Tage wir haben, der Himmel über den Wolken ist immer klar, blau und strahlend hell.

Wir sind wie Mutter Natur und erzeugen verschiedene Stimmungslagen wie Wetterarten, indem wir abgelenkt, gereizt, wütend und gestresst sind. Wir haben auch etwas gemein mit den Menschen, die ständig übers Wetter reden und darüber, wie es sich wohl verändern wird. Und wie die Wetterkundigen, die intuitiv spüren, wann der Sturm sich legen wird, wissen wir auch, dass die ursprüngliche Klarheit und Brillanz des Geistes erscheinen, wenn das »Wetter« aufklart, und es ein wunderschöner Tag werden wird. Mit Schönheit ist hier die Eigenschaft »ansprechend und ausgeglichen« gemeint. Das beschreibt in passender Weise die natürliche Qualität unseres Geistes.

32.
Präzise Beurteilung

Bei dem großen Meditationslehrer Shantideva heißt es, Schönheit gehöre zu den Qualitäten, die dem Geist natürlich innewohnen. Diese Schönheit bezieht sich darauf, dass der Geist – wie eine schöne Blume – Symmetrie aufweist. Ein weiterer Aspekt davon ist Wissen. Jon Pratt und ich erlebten diese beiden Aspekte, nicht weil unsere Umgebung ungewöhnlich ansprechend und ausgewogen war, sondern weil der Geist Symmetrie aufwies. Weder war ich allzu sehr nach innen oder nach außen gekehrt, noch befand sich mein Geist durch zu viele Gedanken in Schräglage. Geist und Körper waren im Gleichgewicht. Dieses Gewahrsein der inneren Schönheit ließ uns auch die äußere Schönheit wahrnehmen, und wir konnten die Bäume, das Gras, das unterschiedlich geformte Gestein und sogar die plötzlichen kalten Windstöße wertschätzen. Das ist die Vogelperspektive des Garudas.

Die Schönheit in unseren Wahrnehmungen und Erfahrungen zu erkennen, das bedeutet Gewahrsein. Es bedeutet, dass man etwas weiß, von etwas Kenntnis hat. Das Schönste, was man wissen kann, ist, dass der Geist von Natur aus klar und strahlend ist. Diese »präzise Beurteilung« oder dieses »beste Wissen« nennt man auch *prajna*. Das Gewahrsein und die Einsicht der *prajna* werden mit dem Fortschreiten auf dem meditativen Pfad zunehmend wichtiger. Wenn wir die Wahrheit über das wahre Wesen der Dinge kennen, können wir eine Menge Belastungen und Härten ertragen. Kennen Meditierende diese Wahrheit nicht – oder haben sie die grundlegende Gutheit des Geistes vergessen –, werden sie häufig aus der Bahn geworfen. Und ebenso ergeht es vielen Läufern, wenn sie vergessen, wie gut das Laufen für Körper und Geist ist. Als wir an diesem Tag unseren Lauf durchführten, kamen das Gewahrsein und die Klarheit, die ich erlebte, nicht unerwartet, weil ich bereits wusste, dass dies der natürliche Zustand meines Geistes ist. Deshalb konnte ich mich in diesem Wissen entspannen, wodurch es mir möglich wurde, diese Erfahrung noch zu fördern.

Das Wissen um Gewahrsein und Klarheit als natürlicher Zustand des Geistes ist das Schlüsselelement dafür, dass wir den meditativen Geist auf das Laufen und andere Aktivitäten anwenden können. Dieses »beste Wissen« ist das, was das Laufen von einem zwischen Höhen und Tiefen hin und her pendelnden Emotionsspektrum in eine Reise des Selbstgewahrseins transformiert.

Wie können wir die präzise Einschätzung und Beurteilung des Garudas auf dem Laufpfad unterstützen? Als Erstes müssen wir wissen, wo wir sind und was wir tun. Wir neigen dazu, das Laufen als Methode zu nutzen, um uns auszuklinken, um den Geist von unserer körperlichen Aktivität weit wegzuführen. Wenn das geschieht, haben sich Körper und Geist voneinander getrennt. Das ist keine glückliche Ehe. Der Körper bleibt in der Küche zurück und macht den Abwasch, während der Geist im Wohnzimmer hockt und fernsieht.

Wenn wir den meditativen Geist zur Anwendung bringen und der Geist sich ins Selbstgewahrsein zu entspannen beginnt, dann erhält er Unterstützung durch die Achtsamkeit. Wir halten die richtige Balance zwischen zu starker und zu schwacher Fokussierung. Im Gegensatz zu unserem begrenzten Umfeld bei der Sitzmeditation stoßen wir beim Lauf im Freien vielleicht jeden Augenblick auf eine neue Umgebung. So mag, abhängig vom Gelände und davon, wie wir uns fühlen, vielleicht auch das Objekt wechseln, auf das wir unsere Achtsamkeit richten. Vielleicht konzentrieren wir uns zuerst auf den Atem und danach auf die Bewegung unserer Füße. Dann richten wir den Fokus vielleicht auf unser Gesichtsfeld: Wir bemerken einen Baum, einen Fels oder ein Auto. Wenn wir so in unserer Meditation von einem Gegenstand zum anderen übergehen, ist das nicht als Ablenkung zu bewerten. Vielmehr wechseln wir hier einfach nur unseren Fokus. Wir richten genügend Aufmerksamkeit auf unser Tun, dies aber nicht mit aller Macht. So gesehen haben wir ein Selbstgewahrsein von unserem sich durch den Raum bewegenden Körper. Dabei bleibt unser Blick entspannt. Es existiert ein kontinuierliches Gefühl, dahin zurückzukehren, wo wir sind. Es ist das Gefühl, unseren Geist mit unserem Tun zu beschäftigen, ohne allzu kritisch zu sein. Innerhalb dieses komfortablen Gleichgewichts finden wir die Freiheit, noch weiterzugehen.

In der Phase des Garudas ist unser Meditationsobjekt die auf sich selbst gerichtete Achtsamkeit. Unsere Aufmerksamkeit ruht auf der Erfahrung des Geistes, der voll und ganz präsent, erkennend und sich seiner gewahr ist. Weder ist er ungebührlich in sich selbst zurückgezogen, noch ist er abgelenkt oder von seinem Fokus weggelockt – der taktilen Empfindung der Füße, die auf dem Boden aufkommen, oder der visuellen Wahrnehmung der Nebelbänke, die vor den Bäumen lagern. Vielmehr fühlt sich der Geist erfüllt und bei sich. Wenn dies geschieht, ist nur wenig diskursives Denken möglich. Der Geist ist nicht abgelenkt, sondern präsent.

Den Nachdruck auf die Achtsamkeit zu legen ist in gewisser Hinsicht eine fortgeschrittene Technik: Wir bedienen uns der Macht und Kraft unseres Geistes, um den Geist zu führen. Doch beim Laufen präsent zu sein wird auch wiederum als leicht empfunden, weil uns das Laufen auf so vielerlei Art zur Achtsamkeit ermuntert. Von daher glaube ich, dass diese Achtsamkeitstechnik für die Laufsport betreibenden Meditierenden etwas Natürliches und Erfreuliches ist.

Diese müssen, um die Achtsamkeit als Meditationsobjekt nehmen zu können, über ein gewisses Verständnis und eine gewisse Erfahrung verfügen, wie sich Achtsamkeit anfühlt. Das entdecken wir zunächst in der Meditation. Indem wir in der Meditation und beim Laufen kontinuierlich der Achtsamkeit gewahr sind, kann diese Praxis zu einem stetigen Richtungs-

und Führungselement werden, so wie der Horizont oder ein ferner Stern, und wir können während des ganzen Laufs achtsam und präsent bleiben.

Die Technik, die Achtsamkeit als unseren Fokus zu nutzen, hat zur Bedingung, dass wir uns in unserer Laufumgebung wohl fühlen. So wie wir auch bei der Sitzmeditation den Fokus leichter wieder auf den Atem oder die Kontemplation zurücklenken können, sofern wir uns gut fühlen. Wenn wir ständig abgelenkt sind, ist es äußerst schwierig, in der Meditation Tiefe zu erlangen. Und nicht anders wird es uns, wenn wir uns in unserer Umgebung unwohl fühlen, äußerst schwerfallen, zur Erfahrung einer tieferen Ebene des Geistes des Laufens zu gelangen. Wenn Sie beständig mit Autos, Regen, Hagel, starkem Wind oder Fußgängern konfrontiert werden, kann Sie das fortwährend ablenken. Ihr Geist könnte dann nach dem Ende Ihres Laufs noch ungestümer und ungebärdiger sein. In einer Umgebung, die Sie besser unterstützt – wenn Sie einen Fluss entlang oder auf einer stillen Straße laufen –, werden Sie ganz natürlich zu einer tieferen Bewusstseinsebene gelangen.

Der Schlüssel zu dieser Meditationspraxis besteht darin, dass Sie wissen, was Achtsamkeit ist. Hat Ihr Geist dadurch erst einmal Zuversicht erlangt, werden Sie unter fast allen Umständen Achtsamkeit praktizieren können. Sie werden sogar auch in problematischen Umgebungen einen gewissen Gleichmut in sich fühlen. Wenn Sie von äußeren Ablenkungen weder bedroht noch verführt werden, können Sie sich fast überall ganz natürlich entspannen und in einer tieferen Bewusstseinsebene und in einem achtsameren Geist ruhen, weil Sie voll und ganz präsent sind.

Haben wir den inneren Ort ausfindig gemacht, wo wir uns im komfortablen Gleichgewicht befinden, verringert das die Langeweile beim Laufen, die oft eine Folge von mangelnder Selbstachtung und zu vielen Vergleichen ist. Die Langeweile weist eine Gradskala des Interesses auf, die direkt mit dem Selbstwertgefühl in Zusammenhang steht. Wir meinen, dass unsere Aktivität unserer Aufmerksamkeit nicht würdig ist, und haben deshalb auch kein großes Interesse an ihr. Manchmal hat Langeweile auch etwas mit Stolz zu tun. Wenn wir zum Beispiel der Ansicht sind, das Warten auf den Bus sei unter unserer Würde, werden wir in solchen Situationen gereizt oder wütend.

Beim Laufen mit meditativem Geist nehmen wir die Haltung ein, dass unsere Erfahrung unserer Aufmerksamkeit würdig ist. Und sind wir der Meinung, dass unsere Aktivität Wert hat, dann fangen wir nicht an, sie mit anderen Aktivitäten zu vergleichen. Wenn wir eine Aktivität mit Erinnerungen aus der Vergangenheit oder mit auf die Zukunft bezogenen Fantasien vergleichen, bedeutet das, dass wir glauben, sie könnte besser sein, und werten sie somit noch weiter ab. Sind wir gut gelaunt und schätzen, was wir tun – auf dem Laufband laufen oder uns zu einem Lauf in einer weniger ansprechenden Umgebung aufmachen –, dann werden diese Läufe zum Vergnügen und sind von Bedeutung, weil wir für sie präsent sind. Von daher tun wettbewerbsorientierte Läufer gut daran, anstelle des

Treibstoffs Ehrgeiz die Qualitäten Wertschätzung und Selbstwertgefühl zu kultivieren. Sie können uns auf unserem Weg weiterbringen.

Einer der Vorzüge »unerhörter« Läufe besteht darin, dass wir ohne Ehrgeiz laufen. Im Prinzip ist das Laufen ein auf ein Ziel ausgerichteter Sport, doch in der Phase des Garudas können wir von dieser Zielorientiertheit Abstand nehmen. Zum Teil ist das deshalb möglich, weil wir über ein grundlegendes Vertrauen auf unsere Fitness und Fähigkeit verfügen. Wir müssen uns nichts beweisen. Auf dieser Ebene spielt das tatsächlich keine Rolle. Wir haben in der Vergangenheit so viele Ziele erreicht, dass jetzt das einzige Ziel darin besteht, kein Ziel zu haben. In mentaler Hinsicht bedeutet die Phase des Garudas, dass wir ohne Hoffnung und Furcht laufen, dass wir nicht laufen, weil wir ständig Getriebene sind. Auf diese Weise zu laufen hilft uns, stärker präsent zu sein.

Wenn unsere Hauptmotivation der Ehrgeiz ist, wirft uns das aus dem Gleichgewicht. Das Laufen auf Grundlage des gesunden Selbstwertgefühls hingegen befreit uns vom Bedürfnis, übermäßig arrogant zu werden und andere despektierlich zu betrachten, wenn sie nicht auf unserem Niveau zu sein scheinen. Damit sparen wir Energie. Das Selbstwertgefühl gestattet uns darüber hinaus, die Talente anderer Sportler zu schätzen, ohne uns dadurch bedroht zu fühlen.

In dem Maße, wie wir mit unseren Lauferfahrungen immer stärker vertraut werden und somit auch damit, wie sich unser Geist fühlt, verankern wir die Fähigkeit in uns, präsent, klar und wissend zu sein. Wenn wir bei unserem Lauf einen ausbalancierten, meditativen, weiten inneren Raum aufrechterhalten, können wir uns entspannen und unser Tun präzise beurteilen. Das ist die Praxis des Garudas.

33.
Allzu hoch hinaus

In der Phase des Unerhörten müssen wir darauf achten, dass wir uns nicht allzu hoch hinauswagen. Das Geheimnis des Garudas besteht darin, dass der Aspekt des Unerhörten davon abhängt, wie gut wir geerdet sind. Wir dürfen nicht zum Ikarus werden, uns nicht zu hoch hinaufschwingen und der Sonne zu nahe kommen, sodass das Wachs unserer Flügel schmilzt. Zu weit zu laufen oder auf der emotionalen oder gesellschaftlichen Ebene unzugänglich zu werden kann sich zum Hindernis entwickeln. Wir verlieren unsere Bodenhaftung und schotten uns vielleicht sogar von Familie und Freunden ab.

Ähnlich ist es bei der Meditation. Wenn wir zu isoliert, zu sehr in unserem Kopf und unseren Gedanken sind, verändert sich die Energie. Wir bezeichnen diese extremen Befindlichkeiten des Geistes als »temporäre Zustände«, weil sie die Illusion erwecken, Fortschritte zu machen. Tatsächlich aber haben wir es hier nicht mit einer meditativen Verwirklichung zu tun, sondern stecken mitten in einer vorübergehenden leichten Halluzination. Wir meditieren, um gesünder, zugänglicher, mitfühlender und präsenter zu werden. Wenn wir feststellen, dass wir auf Dauer weniger gesund, zugänglich, mitfühlend oder präsent werden, haben wir den Kern der Sache verfehlt. Ähnlich ist es beim Laufen: Wenn wir zu viel laufen, geraten wir vielleicht in Erschöpfung und sind ausgelaugt. Vorher haben wir uns aufgebaut, jetzt machen wir uns selbst kaputt.

Diese Erfahrungen, abzuheben und nicht mehr geerdet zu sein, sind das Ergebnis mehrerer Faktoren, sie entspringen jedoch oftmals einer mehr oder weniger subtilen Form des Stolzes. Wir haben das Gefühl, effiziente Läufer oder Meditierende zu sein: Wir kennen uns aus, haben den Bogen raus und fangen an, weniger auf das Grundlegende zu achten. Und wie immer bringt uns dieser Anflug von Stolz allmählich vom Kurs ab. Beim Meditieren wollen wir nun etwas erleben, was andere nicht erleben. Statt die Erfahrungen natürlich entstehen zu lassen, versuchen wir, höchste Geisteszustände herbeizuführen. Wir entfernen uns von der echten Meditationspraxis, weil wir nicht wahrnehmen können, was wirklich geschieht. Die Kommunikation wird schwierig, weil der Stolz uns isoliert hat.

Dieses Hindernis überwinden wir, indem wir uns mit Hilfe der Technik der Achtsamkeit und des Gewahrseins wieder erden. Vielleicht möchten wir uns wieder mit der Motivation vertraut machen, die hinter unserer Meditations- oder Laufpraxis steht, oder uns sogar bei einem erfahrenen Läufer oder Meditierenden Rat und Anleitung holen. Wenn wir sehr viel laufen oder meditieren, müssen wir immer auf diese potenziellen Hindernisse gefasst sein.

Achtsamkeit und Gewahrsein lassen uns die Erfahrung von

Freiheit und Raum machen, die sich mit dem Laufen verbinden. In unserer modernen Welt ist schon so viel strukturiert und programmiert, da muss das Laufen nicht eine zusätzliche Verpflichtung sein. Gerade in der Phase des Garudas haben wir bereits viele unserer Ziele erreicht. Noch mehr Ziele machen die Angelegenheit nur komplizierter. Wir laufen ganz einfach, weil wir es so gern tun, nicht, weil es ein besonders langer Lauf ist oder wir ein bestimmtes Intervalltraining absolvieren. Unser einzig verbliebener Ehrgeiz ist zu laufen. Wir laufen wie vom Sommer trunkene Kinder – weil wir uns gut dabei fühlen.

Vergessen Sie nicht, auch wenn Sie ein fortgeschrittener Läufer und ein geübter Meditierender sind, dass die Qualitäten des Tigers und des Schneelöwen den Garuda mit der Erde in Kontakt bleiben lassen. Versuchen Sie bei diesen langen und abenteuerlichen Läufen die Aufmerksamkeit bis zum Schluss aufrechtzuerhalten – die Achtsamkeit und das Gewahrsein, die Innenschau und das Bewusstsein. Die grundlegende Herangehensweise besteht darin, dass Sie auch dann, wenn Sie sich der Herausforderung eines neuen Geländes stellen, fokussiert, gewahr und entspannt bleiben. Sie haben vielleicht sogar ein bisschen Angst, weil es ein Ihnen unbekanntes Terrain ist. Keine Frage, dass Sie aufpassen sollen. Unternehmen Sie keine potenziell gefährlichen Läufe, doch machen Sie sie zu einer Herausforderung. Behalten Sie gleichzeitig die Vogelperspektive bei, verbinden Sie Achtsamkeit und Gewahrsein, um die Bedingungen präzise zu beurteilen und einzuschätzen – ohne sich allzu hoch hinauszuwagen.

Garudakontemplation: Liebe und Freundlichkeit

In der Phase des Garudas dehnen wir unseren Geist aus, um andere mit einzubeziehen. Glück ist die Erfahrung von Liebe und Freundlichkeit unter Familienangehörigen und Freunden. Das machtvollste Gefühl ist der Gedanke der Liebe. Die Liebe unserer Eltern bringt uns hierher, die Liebe unserer Mutter ermöglicht uns das Überleben. Die Liebe eines Menschen zu einem anderen lässt uns miteinander kommunizieren und wachsen. Freundlichkeit ist die weniger intensive Version von Liebe. Wenn wir anderen gegenüber Liebe und Freundlichkeit zum Ausdruck bringen, tut ihnen das gut, und uns verwurzelt es in unserem eigenen Glück. Liebe und Freundlichkeit wohnen dem menschlichen Geist und Herzen von Natur aus inne. Und obschon die meisten Menschen dies mal hier und da erfahren, ist es etwas, was wir kultivieren können. Wie die Freiheit des Garudas haben Liebe und Freundlichkeit kein Maß und keine Grenzen.

Wir beginnen die Meditation auf Liebe und Freundlichkeit damit, dass wir uns eine Person vergegenwärtigen, die wir lieben. Der Gedanke an diese Person lässt in uns das Gefühl von freundlicher Zugewandtheit, Zuneigung und Liebe aufkommen. Die Liebe wächst, wenn wir den Wunsch hegen, die andere Person möge glücklich sein. Es mag vielleicht kein tiefemotionales Aufwallen sein, aber dieser naturgegebene Augenblick des Altruismus kehrt das mentale Rampenlicht von unserer eigenen Person ab und richtet es auf andere, wenn wir daran denken, was sie glücklich machen würde. Haben Sie dieses Gefühl erweckt, erhalten Sie es aufrecht. Dies ist eine sehr machtvolle Praxis, weil sie unseren Egoismus zu überwinden vermag. Und ironischerweise ist das Gefühl von Anteilnahme und Liebe für andere die beste Methode, um uns selbst glücklich zu machen.

Erfahrene Meditierende gelangten im Verlauf der Jahrhunderte zu der Feststellung, dass es im Wesentlichen die Selbstbezogenheit ist, die die Wurzel von Unglücklichsein, Leiden und Stress ausmacht. Wenn wir uns dieser Kontemplation widmen, bedeutet das natürlich nicht, dass wir nicht weiterhin gut für uns sorgen. Doch unsere Einstellung hat sich geändert, und wir schauen nicht mehr mit der Frage »Was macht mich glücklich?« in die Welt. Wenn wir erwarten, dass äußere Umstände unser Glück bewirken, werden wir eine Enttäuschung nach der anderen erleben. Der Garuda ist in seinem

Flug über solch konventionelles Denken und derartige Kleingeistigkeit erhaben.

Die Kontemplation im Stadium des Garudas besteht hauptsächlich im tiefen Wunsch, dass andere glücklich sein mögen. Wenn wir unsere Körperhaltung eingenommen und den Geist zur Ruhe gebracht haben, richten wir unseren Fokus auf Liebe und Freundlichkeit. Als Erstes denken wir an unsere Freunde und Familie und dehnen unsere aus ganzem Herzen empfundene Liebe und freundliche Zugewandtheit auf sie aus. Dann visualisieren wir, wie die grenzenlose Kraft dieser Qualitäten auch ferne Freunde und Verwandte erreicht. Danach dehnen wir sie auf Menschen aus, die wir nicht kennen. Dabei wird uns klar, dass sich die Liebe unendlich ausdehnen und erweitern lässt. Nun erstrecken wir die Liebe und freundliche Zugewandtheit auch auf unsere Feinde und andere Menschen, mit denen der Umgang problematisch ist. So trainieren wir die angeborenen Fähigkeiten unseres Geistes und Herzens.

Zur Kontemplation von Mitgefühl gehört auch, dass wir uns jemanden vergegenwärtigen, der Schmerzen erfährt. Sofort empfinden wir eine gewisse Empathie. Wir haben den Wunsch, dass die Beschwerden und der Schmerz des Betreffenden ein Ende haben mögen.

Dieser Gedanke ist Mitgefühl. Bei dieser Kontemplation werden wir mit dem Mitgefühl vertraut, entwickeln es und trainieren uns darin. So wird die mitfühlende Haltung zu etwas Natürlichem.

Der Nutzen der Kontemplation von Liebe und Mitgefühl liegt darin, dass sie uns diese Tugenden bereitwilliger zum Ausdruck bringen lässt. Sie ist eine sehr kraftvolle Methode, um den Geist stärker und flexibler und uns zudem glücklicher werden zu lassen. Sie befähigt uns zu größerem Einklang mit unserem Geist und macht ihn in seinem Gefüge stärker. Damit steht er weniger unter Stress und wird auch durch die täglichen Aktivitäten weniger strapaziert.

Liebe und Mitgefühl sind Elemente, die vom Geist geübt werden müssen. Wenn wir uns in Unfreundlichkeit, Ärger und Wut üben, werden wir nur darin besser. In diesem Zustand wechseln wir von Gereiztheit zu Rücksichtslosigkeit und Feindseligkeit über. Emotionen, bei denen wir uns nicht gut fühlen. Sie wiegen schwer in unserem Geist, und wir fühlen uns ermattet, wenn nicht gar erschöpft. Die Kontemplationen von Liebe und Mitgefühl hingegen trainieren den Geist, sich in eine andere Richtung zu wenden – weit hinaus über ein Denken, das nur um unsere Fitness und unser Wohlbefinden kreist.

Teil V

Drache

34.
Der Drache

Sowohl das Laufen als auch das Meditieren haben etwas Geheimnisvolles, Mysteriöses an sich, das sich nicht in Worte fassen lässt. Der Drache verkörpert dieses Gefühl von tiefer Sinnhaftigkeit jenseits dessen, was zum Ausdruck gebracht werden kann, es lässt sich nur erfahren. In dieser Phase kontemplieren wir tiefe und machtvolle Themen. Es sind unsere persönlichen Geheimnisse: Gedanken, Gefühle und Einsichten, so intim, dass sie nicht richtig in Worte gekleidet oder von anderen verstanden werden können. Diese geheime innere Ebene verleiht dem Menschen Tiefe.

In der Phase des Drachen beginnen der Großmut und die Großzügigkeit unseres Wesens wirklich zu leuchten. Durch das Training von Geist und Körper über das Laufen und die Meditation sind wir stark, sanftmütig und freundlich geworden. Wir sind nun persönlich und gesellschaftlich an einer Wegkreuzung angelangt. Unser Laufen und unsere Meditation haben einen großen Wandel erfahren. Diese Aktivitäten dienen jetzt nicht mehr nur unserem eigenen Nutzen, wir setzen unsere einsamen Bemühungen zum Wohle anderer ein. Das

Laufen kann nun zu einem Werkzeug werden, das der Welt zum Vorteil gereicht.

Die Absicht, unsere Aktivität als Dienst an anderen einzusetzen, hat etwas Nichtgreifbares und Mysteriöses: so wie der Drache auch. Aber als Laufsport betreibende Meditierende wissen wir, dass, wenn wir tapfer genug sind, um in der Gegenwart zu sein, wir die Macht und die Kraft haben, die Welt zu transformieren. Der Drache verkörpert all die Lektionen des Tigers, des Schneelöwen und des Garudas: achtsam, munter und im Gleichgewicht. So taucht der Drache in Form von Koinzidenz und Glückverheißung auf. In dieser Phasc kommt der Laufsport treibende Meditierende mit jener Dynamik in Übereinstimmung: Der geheimnisvolle Drache ist ein Symbol für die unsagbare Macht und Kraft, die Brillanz und Tiefgründigkeit des menschlichen Geistes.

In der Shambhala-Tradition steht der Drache für die Bestätigung des Moments, in dem der Geist des Kriegers sich auf die nichtkonzeptuelle Weisheit zubewegt. Wenn dieses einzigartige Gefühl von vollständiger Verkörperung und Transzendenz eintritt, bezeichnen wir dies als die »Verbindung von Erde und Himmel«. Da ist ein tiefes Gefühl von Ehrlichkeit und Wahrhaftigkeit sowohl in persönlicher als auch sozialer Hinsicht. Ironischerweise verbindet uns die Berührung mit diesem Unaussprechlichen auf magische Art mit anderen.

Der Drache ist ein Symbol für dieses Paradoxon. Es heißt, dass er auf der Erde lebt, aber auch hoch zwischen den Wolken dahinfliegt, sich hin und her bewegt und wendet, hervorlugt, um sich dann wieder in federweißen Haufenwolken zu verbergen.

Im Westen ist der Drache jenes Geschöpf, das vom heiligen Georg getötet wird und das für Gefahr stehen kann. Im Osten wird er für seine Macht und Kraft, seine Magie und seine Glücksverheißung zutiefst verehrt. In Tibet habe ich einige Geschichten über Leute gehört, die dieses geheimnisvolle Geschöpf gesehen haben sollen. Bhutan, zwischen Indien und China gelegen, kennt man im Tibetischen auch als *Drukyul*, als »das Land des Drachen«. In China ist der Drache das höchste Symbol der Weisheit. Er war das Zeichen der Kaiser und stand für das sich durch Macht und Wohlwollen auszeichnende Prinzip des Himmels. Wenn der Kaiser weise herrschte, verbanden sich Himmel und Erde und regierten Friede und Wohlstand. So ist der Drache für seine Unergründlichkeit bekannt.

Für Läufer und Meditierende repräsentiert der Drache die rätselhafte Phase, in der wir ein Maß an Einsicht entwickeln, welches zulässt, dass wir uns mit unseren tiefen inneren Wünschen und Bestrebungen verbinden. Bei diesen kontemplativen Läufen geben wir uns nicht einfach Tagträumereien oder Fantasien hin oder lassen mental Dampf ab. Vielmehr richten wir unseren Geist auf positive, nutzbringende Gedanken. Bei einem Drachenlauf konzentrieren wir uns darauf, dass wir eine Verbindung mit den wichtigen Themen herstellen, die unser Leben durchziehen. Der Lauf wird die Meditation, während wir uns auf einen ausgewählten Gedanken fokussieren.

Die nutzbringendsten Gedanken sind die des Mitgefühls,

der Fürsorge für andere oder die, die unser Denken, Sinnen und Trachten einfach nur über uns selbst hinausgehen lassen. Für Läufer kann das eine Herausforderung bedeuten, weil das Laufen ein Individualsport ist. Es kann auch dazu führen, dass wir übermäßig in uns selbst versunken sind. Aber es gibt noch andere Arten von nutzbringenden Gedanken, auf die man sich konzentrieren kann. Sollten Sie zum Beispiel beschließen, dass Sie eine Veränderung in Ihrem Leben vornehmen möchten, kann Ihnen das Laufen und Kontemplieren zur Erkenntnis verhelfen, wie Sie diese Veränderung durchführen.

Körperbewegung und das Kontemplieren eines wichtigen Gedankens sind durchaus kompatible Aktivitäten. Vielleicht wird uns bewusst, dass wir einen Fehler gemacht haben und uns bei jemandem entschuldigen müssen. Vielleicht kontemplieren wir die Richtung, die unser Dasein nimmt. Oder wir denken über Aspekte unseres Lebens nach, die wir ändern wollen. Möglicherweise überdenken wir unsere Bestrebungen und Träume. Eventuell sehen wir uns auf etwas zulaufen, was wir erreichen möchten.

Den alten Texten zur Meditation zufolge liegt der Unterschied zwischen dem Weise- und dem Törichtsein nicht so sehr in dem, wer wir sind, als vielmehr darin, wie wir das nutzen, was wir haben. Weise Menschen haben Fantasie und Vorstellungsvermögen. Ganz gleich, womit sie sich auseinandersetzen müssen, sie können darin Möglichkeiten erkennen. Der Törichte hat, vor die gleichen Umstände gestellt, kein Vorstellungsvermögen und sieht somit auch keine anderen Perspektiven. Ich finde dieses Stückchen weise Erkenntnis beim Laufen, Meditieren und im Leben ganz allgemein hilfreich.

Natürlich sind wir alle manchmal töricht und manchmal klug und weise. Wenn das Leben uns vor Herausforderungen stellt und wir sie nutzen können, dann sind wir weise. Lassen wir uns von ihnen überwältigen und sehen keine Möglichkeiten darin, dann werden wir töricht und dumm.

Wenn wir bei der Meditation weise sind, sind wir fähig, jeden Augenblick frisch zu halten. Beginnt aber erst einmal unsere Imaginationskraft zu schwinden, werden wir von der Apathie infiziert. Ebenso ist es beim Laufen: Wenn wir unser Vorstellungsvermögen verlieren, werden wir von der Faulheit angesteckt.

Letztlich ist das Leben ein Prozess der Entwicklung und Entfaltung unserer Fähigkeit, immer zu erkennen, wie wir das nutzen können, was vor uns liegt. Der Geist ist grenzenlos, und der Möglichkeiten gibt es unendlich viele. Falls wir meinen sollten, dass etwas unmöglich wäre, haben wir uns der irrigen Annahme gebeugt, dass immer nur eine einzige Option bestünde.

Einfallsreich zu sein sollte nicht mit aggressiv sein verwechselt werden. Es bedeutet nicht, einfach nur vorwärtszudrängen. Es bedeutet, aus einer Panoramasicht von 360 Grad auf das Geschehen zu schauen. Aggressiv zu sein bedeutet hingegen, eine Dimension der Realität zu erzwingen.

Von daher sind wir auf unserer langen Lebensreise ständig mit unterschiedlichen Szenarien konfrontiert. In diesem Licht müssen wir jeden täglichen Lauf und die Vorstellungskraft betrachten, die er erfordert. Sogar auch dann, wenn wir verletzt sind, brauchen wir Einfallsreichtum, um andere Trainingsmöglichkeiten ausfindig zu machen. Nicht anders ist es bei der Meditation, auch hier müssen wir verschiedene Möglichkeiten des Achtsamseins finden. Wenn wir sehr beschäftigt sind, müssen wir trotzdem Wege ausfindig machen, unseren Geist zu trainieren. Das ist eine essenzielle Qualität des Drachen – imstande zu sein, die Möglichkeiten zu erkennen, die das Leben bietet.

Wenn wir ein lauschiges Plätzchen finden, wo wir ein paar Minuten meditieren können, und sei es auch mitten in einem Lauftraining, kann uns das sowohl körperlich in Hinblick auf das Training helfen als auch mental, hier in Bezug auf die Klärung, was denn für uns wichtig ist. Die Zuversicht, die wir aus dem Lauf beziehen, kann uns vielleicht auch den Mut geben, uns zu entschuldigen, den Arbeitsplatz zu wechseln oder zu erkennen, dass einige unserer Gewohnheiten unsere persönliche Integrität untergraben. Wir erkennen vielleicht, wie diese Gewohnheiten in Anhaftung, Angst oder Selbstbesessenheit verankert sind.

In der Phase des Drachen laufen Sie möglicherweise in einem langsameren Tempo, was Ihnen gestattet, innere Gefühle, Gedanken und Einsichten zu betrachten, die Sie tiefergehend ergründen möchten. Das kann bedeuten, dass Sie ganz allein auf einem abgelegenen Pfad laufen oder sehr früh aufstehen, um beim Lauf allein zu sein. Einer meiner Lieblingsdrachenläufe ist eine spezielle über dreizehn Kilometer lange Rundstrecke in Colorado. Etwa auf der Hälfte des Weges komme ich an einem kleinen See vorbei, der in eine Wiese mündet. An ihrem Ende führt ein Abhang in ein Tal hinab, und von hier aus bietet sich ein grandioser Ausblick.

Der Drache ist oft mit Glückverheißung verbunden. Eines Tages beschloss ich, mich zu diesem geheimen Drachenlaufplatz zu begeben. Ich kontemplierte bestimmte Veränderungen, die ich vornehmen wollte. In der tibetischen Kultur halten wir traditionellerweise oft nach Zeichen Ausschau. Sieht man zum Beispiel eine Schale mit Früchten, heißt dies, dass etwas Positives geschieht. Fällt der Blick auf einen gebrochenen Zweig, könnte das für etwas Negatives stehen. Als ich an jenem Tag zur Wiese kam, stand dort ein weißes Pferd. Ich hatte hier überhaupt noch nie ein Pferd gesehen, doch da war es und starrte mich an. Dann galoppierte es im Kreis, was mir förmlich den Atem raubte. Als ich dann in meiner Meditation aufs Tal hinunterblickte, stand das Pferd da und schaute mich an. Ich wertete dies als positives Zeichen.

Dieses Achten auf glückverheißende Zeichen mag sich nach Aberglaube anhören. Doch wir leben inmitten dieser Welt und sind ständig im Austausch mit ihr, ob das nun auf bewusst wahrnehmbaren Ebenen geschieht oder nicht. Wenn wir die Welt wertzuschätzen beginnen und lernen, mehr auf das zu achten, was ringsumher geschieht, statt nur auf uns selbst konzentriert zu sein, beginnen wir, diese Zeichen wahrzunehmen.

In dieser Phase braucht niemand zu wissen, was wir kontemplieren. An manchen Aspekten unseres Lebens lassen wir andere teilhaben, andere behalten wir für uns. Dieses Maß an

Geheimnis und Rätselhaftigkeit bringt Gleichgewicht in unser Sein. Wenn alle alles über uns wissen, geht eine gewisse Würde und etwas an Mysterium verloren. Wenn wir zu geheimnisvoll sind, geht eine gewisse Zugänglichkeit verloren.

Somit ist der Drache nicht nur nützlich und wohltuend für unseren Lauf, sondern auch für unser Leben und die übrige Welt – er schenkt Weisheit, Inspiration und Unergründlichkeit.

35.
Der Atem des Drachen

Sowohl beim Laufen als auch beim Meditieren werden wir in hohem Maße vertraut mit den Atemvorgängen. Am Anfang ist es schwer, den Atem zu finden, ebenso sehr, wie beim Atem zu bleiben. Es mag sogar den Anschein haben, dass die Technik uns überfordert. Doch mit unseren Fortschritten werden wir schließlich wie ein Maître de Cuisine zum Meister der Subtilität: Wir sind damit vertraut, sind – achtsam und hochqualifiziert – darauf eingestellt und können nun schmecken, wie sich unser Atem anfühlt. Er ist nicht mehr einfach nur Luft, die in unseren Körper ein- und wieder aus ihm hinausströmt. Jetzt hat er eine Beschaffenheit. An manchen Tagen ist er hart und leicht rau oder unstet. An anderen ist er glatt und gleitet hinein und hinaus wie Quellwasser oder wie etwas Seidiges. Der Atem ist süß, köstlich und verführerisch und manchmal bitter und etwas beißend. Dann wieder ist er sanft und fast unfühlbar.

Alle diese Beschaffenheiten sind das Ergebnis von Bedingungen, angefangen damit, wie wir uns fühlen, bis hin zu dem, was wir essen, was wir sehen und wie unser Tag verläuft. Weil er das Leben selbst ist, verfügt der Atem über eine unglaubliche

Kommunikationskraft. Meditation und Achtsamkeit lassen uns die Sensibilität aufbringen, die zur Beschreibung der subtilen Atemqualitäten erforderlich ist. Auf solche Weise ist die Meditation auf den Atem wie ein auf unseren Geist und unser Leben gerichteter Spiegel.

Durch diesen Augenblick, in dem wir uns auf den Atem beziehen, erfahren wir, wie wir unser Leben führen. Ganz gleich, wie er sich in seiner Beschaffenheit anfühlt, wir sollten den Atem wertschätzen. Ein harter oder rauer Atem kann widerspiegeln, dass wir müde und überarbeitet sind, dass es in unserem Leben einen Konflikt oder ein Hindernis gibt. Das alles könnte von unserem Verhalten herrühren. Unsere »Winde« könnten auch dadurch gestört werden, dass wir die meditative Technik zu aggressiv anwenden. Dann müssen wir sanfter sein. Ein sanfterer Atem kann auf innere Harmonie, Entspanntheit oder andere positive Gefühle hindeuten.

Die Meditation hat eine entspannende oder beruhigende Wirkung auf uns und gibt uns die Möglichkeit, uns dessen gewahr zu sein, was entsteht. Das kann dann sowohl mit dem Atem als auch mit größeren Lebensthemen in Verbindung stehen. Wenn Angst aufkommt, kann das auf zu viel Atemdruck und eine zu starke Konzentration auf das Einatmen hindeuten. Wenn wir unkonzentriert und zu verträumt sind, kann das ein Hinweis darauf sein, dass wir dem Atem gegenüber zu gleichgültig sind und das Ausatmen zu stark betonen. Als Meditierende lernen wir, Anpassungen vorzunehmen. Wenn der Geist von unzähligen Gedanken bombardiert wird, entstammen diese nicht der Meditation, sondern dem Leben. Unsere Reaktion darauf – Schuldgefühl oder Verärgerung zum Beispiel – mag ein Hinweis darauf sein, dass wir bestimmte Aspekte unseres Daseins sorgfältiger untersuchen sollten. Auf diese Weise kann der Atem ein Leitfaden für unseren Alltag sein.

Ganz allgemein gibt es zwei Herangehensweisen an die Atemmeditation: die eine sanfter und beständiger und die andere härter. Die sanfte Atmungsmethode geht mit verschiedenen Arten der Sitzmeditation einher, bei denen unser Körper sich nicht viel bewegt. Die härtere Atemmeditation ist mit starker Körperbewegung verbunden und erfordert mehr Kontrolle. So gesehen hat das Laufen im Allgemeinen mit der harten Atmung zu tun. Setzen wir die harte oder kraftvolle Atmung ein, dann tendiert der Geist dazu, stimuliert und abgelenkt zu sein. Deshalb verlangt diese Praxis, dass die Meditierenden über eine starke Achtsamkeit verfügen.

Das Laufen kann aber zugleich auch eine sanfte Qualität in der Atmung unterstützen, die eine tiefere Ebene der Kontemplation zulässt. Im Allgemeinen stimuliert das harte Atmen beim Laufen die Denkprozesse, es kann aber den Geist auch erschöpfen.

Während eines Besuchs in Tibet hatte ich eine eindrückliche Erfahrung im Umgang mit dem Atem. Ich war schon viele Wochen lang da, und es gab noch keine Gelegenheit zum Laufen. Wegen meiner Rolle als spiritueller Führer ging mir jedes Mal, wenn ich das Kloster verließ, ein räucherstäbchenhaltender Mönch voran, während andere Mönche tibetische Hörner bliesen – die übliche Prozession in Tibet. Während meines dortigen Aufenthalts führte ich eine Vielfalt an Zeremonien durch: das Segnen von Kranken, das Segnen von Kindern und die Eröffnung einer Schule, dann auch Zeremonien mit ausgeklügelten Ritualen, die oft die Segnung von Tausenden Menschen zum Inhalt hatten. Solche Rituale konnten ohne Weiteres einen ganzen Tag beanspruchen, und auch die Vorbereitungen darauf dauerten mehrere Stunden. Meine Zeit war also begrenzt, der Terminplan dicht gedrängt, und ich war ständig in einem sehr formellen Umfeld von allen möglichen Leuten umgeben und konnte nicht ins Freie, um zu laufen.

Eines Morgens wachte ich früh auf, um zu sehen, ob es nicht doch möglich sei, auch in Tibet ein Lauftraining zu absolvieren. Aber davor galt es, ein paar Herausforderungen zu bewältigen. Die erste war die, aus dem Kloster hinauszukommen und eine abgelegene Gegend zu finden, wo ich nicht gesehen wurde. Die nächste bestand darin, dass ich meine tibetischen Roben gegen ein fürs Laufen geeigneteres Outfit eintauschen musste. Und nicht zuletzt war da die Frage, ob ich überhaupt in dieser Höhe würde laufen können, in der sich schon die Talsohlen 4000 Meter über dem Meeresspiegel befinden.

Ich bat Ted Rose, einen der wenigen Läufer auf dieser Reise, mich zu begleiten. Wir verließen das Kloster im Jeep. Nachdem wir eine Weile gefahren waren, fanden wir eine zwischen zwei abgelegenen Dörfern gelegene Strecke. Ich zog meine Lamaroben aus und schlüpfte in meine Laufkleidung, dann begaben wir uns hinunter ins Tal. Nach so viel zeremonieller Aktivität war es ein Vergnügen, rauszukommen und zu laufen. Die Gelegenheit, auf dem Dach der Welt laufen zu können, gab mir das Gefühl, vollkommen privilegiert zu sein, und sie erschütterte mich auch. Wir liefen an grasenden Yaks vorbei und genossen die atemberaubende Szenerie. Dann überkam mich plötzlich ein seltsames Gefühl. Ich war nicht besonders außer Atem, merkte aber in diesem Augenblick, dass meinem Körper der Sauerstoff ausging. Wir beschlossen, zum Jeep zurückzukehren und langsamer zu laufen. Beim Wagen angelangt wechselte ich die Kleidung, und wir machten uns wieder auf den Weg zurück ins Kloster.

Als ich in dieser Höhe lief, machte ich die Erfahrung des Sauerstoffmangels. An jenem Nachmittag wurde ich sehr müde. Tatsache war, ich musste schlafen. Nach einer guten Ruhepause ging es mir jedoch wieder besser. Ich hatte einmal intensiv am eigenen Leib erfahren, wie wichtig der Atem ist und in welchem Verhältnis wir zu ihm stehen. Ob wir nun die dünne Höhenluft Tibets oder die Morgenluft des indischen Dschungels atmen, unser Atem spielt eine entscheidende Rolle hinsichtlich der Art und Weise, wie wir das Leben erfahren. Wir können diesem kostbarsten aller Geschenke durch Laufen und Meditation dankbare Wertschätzung entgegenbringen.

36. Was ist der Geist?

Wenn wir im Westen über den Geist sprechen, deuten wir auf unseren Kopf, denn wir betrachten unseren Geist als synonym mit dem Gehirn. Doch in Tibet und anderen Kulturen, in denen die Meditation praktiziert wird, legen die Leute, gefragt nach dem Geist, oftmals die Hand in der Herzgegend auf die Brust. Tatsächlich weiß niemand genau, wo man den Geist lokalisieren kann. Wie der Drache ist er nicht greifbar.

Ost oder West, unsere Erfahrungen mit dem Geist sind im Allgemeinen sehr persönlich und vertraulich: Zu ihnen gehört der Eindruck, wie wir uns aktuell fühlen oder was wir denken. Sie umfassen auch unsere persönliche Sammlung an Erinnerungen und Ideen. Unsere Sprache ist in ihren Begriffen zur Beschreibung des Geistes etwas begrenzt. Wir benutzen vor allem die Wörter »Geist«, »Bewusstsein«, »Intellekt«. In den Sprachen, die der Meditation zugewandt sind, wie dem Sanskrit und dem Tibetischen, gibt es unzählige Begriffe für »Geist«.

Sem ist das tibetische Wort für den kognitiven Geist, der sich auf Subjekt und Objekt gründet. Dann gibt es das Wort *lo*, das sich auf den Intellekt bezieht – auf das, was man versteht.

Dann ist da *yi*, ein weiterer Begriff für den konventionellen kognitiven Geist. Das Wort *rigpa* bedeutet »Gewahrsein«. Dieses Gewahrsein hat zwei Bedeutungen: allgemeines Gewahrsein und nichtkonzeptuelles Gewahrsein, das mit dem Wort »Weisheit« in Verbindung steht. Dann gibt es das Wort *namshe*, das »Bewusstsein« meint. Es heißt, dass es acht verschiedene Ebenen des Bewusstseins gibt. Eine Vielfalt von anderen Begriffen wird benutzt, um auf den erleuchteten Geist zu verweisen, den transzendenten Geist oder die transzendente Intelligenz.

Wir können diese Beschreibungen in zwei Kategorien unterteilen. Die eine steht für den konventionellen Geist von Subjekt und Objekt: Wir sehen ein Haus, und unser Geist denkt: »Haus.« Das ist der dualistische Geist. Der transzendente Geist existiert jenseits von Subjekt und Objekt: Er transzendiert die Verwirrung und Dualität. Er wird manchmal als »Geist des klaren Lichtes«, »Lichthaftigkeit«, »Weisheit« oder »Erwachtheit« bezeichnet.

Es heißt, dass der konventionelle Geist Merkmale aufweist – darunter die Merkmale von Klarheit und Wissen. Wenn Menschen aus Fleisch und Blut und Bäume aus Holz bestehen, dann ist die Beschaffenheit des konventionellen Geistes die von Klarheit und Wissen. Durch die Meditationspraxis machen wir allmählich die Erfahrung von Klarheit und Wissen. In dem Maße, wie Klarheit und Wissen sich erweitern und ausdehnen, führen sie uns wiederum in den transzendenten Seinszustand.

Sind wir uns dessen erst einmal bewusst geworden, können wir diesen erwachten Geist in all unseren Aktivitäten erfahren: beim Laufen oder Reisen, beim Umgang mit unseren Freunden und unserer Familie oder während des Essens. Manchmal ist der Geist grob, und wir erfahren ihn dann deshalb als massive Emotion – Hochstimmung oder Betrübnis. Doch seine grundlegende Gutheit ist immer vorhanden, in allen Menschen. Durch Meditation und das Wissen, was wir in der Meditation tun, können wir diesen Geist in uns und in unseren Mitmenschen entdecken.

37.
Die Kraft der Absicht

Ich werde häufig gefragt, warum ich Laufsport betreibe. Meistens stellen Nichtläufer diese Frage, aber ich verstehe sie. So mancher findet es verblüffend, dass sich jemand in meiner Position einem solchen Sport verschreibt.

Wie viele andere laufe auch ich um der Gesundheit willen, und weil es mir Freude bereitet. Es ist ähnlich wie beim Fliegen – man hat das Gefühl von Freiheit und Leichtigkeit. Wir bewegen uns über dem Boden durch den Raum. Und es ist eine großartige Methode, sich mit der Natur zu verbinden und frische Luft zu atmen.

Und da gibt es eine tiefere Bedeutung, die mit meiner Absicht zu tun hat. Ich glaube, dass wir, ist die Absicht rein, beinah jede Aktivität in unseren spirituellen Weg integrieren können. Meine Absicht beim Laufen ist auch, anderen von Nutzen zu sein. Somit ist das Laufen eine Fortsetzung meiner spirituellen Reise.

In all den Jahren, die ich die reiche spirituelle Tradition meiner Linie kontempliert habe, konnte ich erfahren, von welcher Wirksamkeit die Absicht ist, was wiederum die Kraft des

Geistes demonstriert. Wenn wir einen kraftvollen Geist und den Vorsatz haben, dass unser Lauf dem Wohlergehen anderer dienen soll, dann ist es auch so. Wenn wir umgekehrt unsere Meditation in ein vollkommen selbstsüchtiges Bestreben verwandelten, dann würde sie genau das sein. Bei beiden Varianten bestimmt unsere persönliche Absicht, ob das Resultat gewöhnlich oder außergewöhnlich ist.

Absicht, das ist die Macht und Kraft des Drachen. Der Drache weiß, dass wir in jede Aktivität Gutheit und positiven Nutzen einbringen können, wenn wir unsere Absicht voll und ganz und ungehindert darauf richten. Das bedeutet, unser Lauf kann ein mächtiger Brutkasten der Intention sein. Wenn wir die Absicht hegen, zum Wohle anderer zu laufen, verändert das die Beschaffenheit unseres Bewusstseins. Eine so noble, umfassende Absicht verleiht unserem Geist und Körper Stärke. Sie gibt unserem Wesen Charakter. Unser Lauf kreist nicht mehr schlicht darum, dass wir in Form bleiben oder es bis zum Ziel schaffen. Vielmehr wird er zu einem Prozess, bei dem wir unsere Absicht aktiv trainieren, um anderen von Nutzen zu sein.

Eine solche Absicht verleiht unserem Lauf Würde. Wir sind nicht mehr einfach nur eine Person, die auf einer langen Strecke vor sich hin läuft. Geist und Herz dehnen sich weiter aus – letztlich sogar über den ganzen Globus hinweg.

Während eines Laufs kontemplieren wir alle Lebewesen und wie wir dem Universum eine Hilfe sein können. Bei dieser Art von Kontemplation sollten wir uns nicht vom Gedanken und von der Frage beirren lassen, was denn ein einzelner Mensch schon wirklich ausrichten könne. Statt uns über bestimmte Ergebnisse Sorgen zu machen, müssen wir uns auf die Entwicklung unserer Absicht konzentrieren. Die meisten für die Welt hilfreichen Ideen sind in Wahrheit durch die Absicht zustande gekommen. Buddha saß unter einem Baum. Jesus wanderte in der Wüste. Der daoistische Weise Laotse saß in einem Wald. Alle diese Wesen verfügten über kraftvolle Methoden, um ihre Absicht zu entwickeln und zu stärken. Durch diese Absicht konnten sie der Welt helfen.

Auch wir können eine einsam und allein ausgeführte Aktivität in eine dynamische Phase verwandeln, die der Entwicklung unserer Absicht dient, der Welt zu helfen. Eine solche Intention mittels des Laufens aufzubauen kann eine fröhliche und befreiende Übung sein. Wir werden automatisch stärker und befähigter, anderen eine Hilfe zu sein. Und aus einer solchen starken Absicht werden zweifellos Ideen und Inspirationen hervorgehen.

Es liegt an uns, wie wir unseren Lauf nutzen wollen. Aber wir sollten wissen, dass wir als Menschen über dieses große Geheimnis namens Absicht verfügen.

Drachenkontemplation: Mitgefühl und Selbstlosigkeit

Die Kontemplation für den Drachen ist die Egolosigkeit, das Hinausgehen über die Beschränkungen des Ichs oder Selbst. Wenn unser Ego im Spiel ist, verlieren wir die übergeordnete Perspektive. Wir schaffen es nicht, in Betracht zu ziehen, wie andere sich fühlen. Bei dieser Kontemplation entdecken wir, wie wir uns nicht selbst im Wege stehen. Wie immer ist es wichtig, daran zu denken, dass wir uns hier nicht selbst unbedeutend oder kleinmachen. Die Kontemplation, wie wir ein bisschen selbstloser sein können, schafft in unserem Geist und Herzen Platz für die Familie und für Freunde. Das ist eine tiefe Meditation, bei der wir darüber nachdenken, wie wir uns immer selbst an die erste Stelle setzen und als Folge davon viele Situationen ruinieren. Wie können wir also ein bisschen selbstloser sein?

Durch den Sport können wir ein aufgeblasenes Ego bekommen. Bei dieser Kontemplation geben wir eine derartige Tendenz auf. Wenn wir meinen, wir hätten einen schlechten Tag gehabt, dann hat oftmals das Ego Prügel bezogen. Mit etwas weniger Ego existiert auch weniger Angriffsfläche für Hiebe. Wir kontemplieren also jetzt, dass wir nicht unser Haus, nicht unsere Arbeit, nicht unsere Kleidung sind. Wir sind noch nicht einmal unbedingt unser Körper oder unsere Fitness. Auf diese Weise entwickeln wir Demut, Bescheidenheit und Weichheit.

Wenn wir die Drachenkontemplation regelmäßig praktizieren, werden wir allmählich erkennen, dass das Selbst im Kern eine Illusion ist. Dieses einer Fata Morgana gleichende Selbst ist stets dabei, sich zu wandeln, aber niemals wirklich da. Die tiefgreifende Entdeckung, die Meditierende in der Drachenphase machen, ist die, dass es kein Ego gibt, das weniger werden könnte. Wir können nicht verlieren, was wir nie hatten.

Diese Meditation geht oft in zwei Stufen vor sich. Auf der ersten Stufe denken wir über Möglichkeiten nach, weniger egozentrisch zu sein. Auf der zweiten Stufe, der tieferen Kontemplation, denken wir darüber nach, dass das Selbst eine Illusion ist.

Teil VI

Windpferd

38.
Unterhaltung

Ich hielt mich in den grünen Hügeln Vermonts auf, um in Karmê Chöling meine alljährlichen Belehrungen zu geben. Dieses Shambhala-Zentrum liegt in einer Northeast Kingdom benannten Gegend, einer idyllischen Hügellandschaft mit hier und dort weidenden Kühen und gelegentlich mit einem Hund. Nach einem Tag mit Belehrungen, Interviews und Treffen musste ich mit meinem Körper in Kontakt kommen. »Was könnte den Tag besser beenden als ein schöner langer Lauf?«, dachte ich mir.

Nick Trautz begleitete mich bei diesem Lauf. Nick ist ein ruhiger, sanfter und außerordentlich fitter junger Mann, ein professioneller Skilangläufer. Ich zog ihn immer damit auf, dass er für unsere Läufe nie viel zu trainieren schien – ich hatte das Gefühl, er verließ sich weitgehend auf seine beim Skilaufen erworbene Fitness. Als er sich mir beim Toronto-Waterfront-Marathon anschloss, hatte er nur zehn Tage zuvor mit dem Training begonnen. Nach dem Marathon hatte er definitiv Schmerzen, aber er schaffte es durch die Zielgerade.

Wenn wir gemeinsam liefen, sprachen wir in der Regel nicht

viel. Aber dieses Mal, als wir uns gegen Ende des Tages im langsamen Lauf durch die Hügel von Vermont schlängelten, ließen wir uns auf etwas ein, was ich gern als die Kunst der Unterhaltung ansehe. Wir genossen ganz einfach die Gesellschaft des anderen. Es gab kein bestimmtes Thema und auch keinen speziellen Punkt, der anzusprechen war. Vielmehr bedienten wir uns der Unterhaltung als Ausdrucksmittel unserer Freundschaft.

Wir waren entspannt, erzählten zuweilen Geschichten, zuweilen Witze, teilten Gefühle und Einsichten miteinander. Mal fragte ich Nick, wie es um sein Skilaufen bestellt war, oder er fragte mich, wie es mir mit den Reisen und Belehrungen erging. Dann wieder Schweigen. Es entstand keine Betretenheit, und es bestand keine spezielle Notwendigkeit zu reden. Wenn wir nicht sprachen, öffnete sich beim Laufen der Raum. Gleichzeitig blieben wir absolut zielgerichtet bei unserem Lauf, der an diesem Tag schließlich zweiunddreißig Kilometer lang sein sollte. Beide äußerten wir am Schluss, wie natürlich und mühelos sich alles angefühlt habe. Nick sagte, es sei einer seiner erfreulichsten Läufe gewesen, und ich empfand das ebenso.

Das Laufen ist eine Zeit, in der man sich entspannen und mit Freunden zusammen sein kann. Das Gespräch, die Unterhaltung, ist ein natürlicher und integraler Bestandteil dieser Erfahrung. Wir können über wichtige Themen unseres Daseins, einfach übers Wetter reden oder darüber, wie es uns beim Laufen ergeht. Die Unterhaltung verwandelt den Individualsport

Laufen in einen Gemeinschaftssport. Gespräche sind ja von grundlegender Bedeutung für die menschliche Gesellschaft.

Konversation ist etwas anderes, als eine Diskussion zu führen oder Tagesordnungspunkte zur Sprache zu bringen. Sie ist vielmehr Ausdruck unseres innersten menschlichen Wesens. Die Worte, die wir sprechen, sind der Klang dieser Freude, Freundlichkeit und Liebe. So betrachtet spielt es eigentlich keine Rolle, worüber wir reden. Tatsache ist, es muss noch nicht einmal um irgendetwas Spezielles gehen.

Es scheint, dass die Leute, wenn sie das Gespräch mit dem Laufen verbinden, ehrlicher in ihren Gefühlen sind. Das mag daher kommen, dass wir in Bewegung sind. Das Schwingen der Beine und Arme und insbesondere das Ein- und Ausatmen entspannt unseren nervösen, verkrampften, konzeptuell denkenden Geist und unsere nach außen gezeigte Fassade. Es lässt uns im Ausdruck freier und temperamentvoller sein. Auch scheint es beim Laufen schwieriger zu werden, eine Lüge auszusprechen, und tun wir es dennoch, müssen wir sehr viel härter daran arbeiten. Das alles ist eine Folge davon, dass wir ständig die Erfahrung des Atems machen. Der Atem ist gewissermaßen ein Wahrheitsserum: ein Ausdruck von Ehrlichkeit in Hinblick darauf, wie wir uns fühlen und was wir tun.

Wenn wir beim Laufen eine Unterhaltung führen, fühlen wir uns oft auch empfänglicher. Der Austausch von Ideen und Gedanken fließt ungehindert. Tatsächlich kann eine Unterhaltung beim Laufen, sofern wir es richtig tun, das Gehirn anregen und helfen, Themen zu begreifen, die wir bis dahin vielleicht nicht verstanden haben. Es ist bekannt, dass lange Spaziergänge die Fantasie von Schriftstellern angeregt haben. Vielleicht haben lange Strecken bei Läufern die gleiche Wirkung. Zwar mag es nicht der richtige Zeitpunkt für die tiefe Kontemplation sein, aber es kann helfen, Einblick in eine Weisheit zu nehmen, die wir vorher nicht zu erkennen vermochten. Wenn wir uns bei unseren Läufen unterhielten, sagte Nick oftmals: »Oh, das war mir vorher nicht klar.«

Der kommunikative Austausch mit einer anderen Person wandelt die Unterhaltung oft vom Akt, einfach irgendetwas zu sagen, was uns gerade in den Sinn kommt, in eine Kunstform um. Die Kunst der Unterhaltung besteht nicht darin, dass man während des Laufs unaufhörlich quasselt, sondern sie besteht im harmonischen Fluss von Gefühlen, Gedanken und Ideen. Deshalb kann die Unterhaltung Bestandteil eines Windpferdlaufs sein (Kapitel 40). Es ist Verständigung, ein Sichmitteilen im Gegensatz zum Austausch über einen thematischen Gegenstand oder zum Füllen des Raums mit Worten. Wie ein alter Spruch besagt, ist das Einzige, was noch mehr trainiert wird als die Beine des Läufers, sein Mund.

So betrachtet, muss sich nicht unbedingt eine Unterhaltung ergeben. Zuzeiten ist Schweigen angemessen – so wie es auch wichtig ist zu wissen, wann man sich ausruhen und wann man trainieren soll. Zum Beispiel könnten wir zu einer Unterhaltung bereit sein, unser Partner aber nicht. Daher müssen wir sensibel und geschickt sein. Gewisse Themen sind vielleicht schmerzlich oder unangebracht. Um gut in der Kunst der Unterhaltung zu sein, müssen wir unsere Sensibilität und unsere Wahrnehmung von der anderen Person, der Zeit und dem Raum einsetzen.

In der tibetischen Kultur ist die Kunst der Unterhaltung eine sehr lebendige und gut gepflegte Kunst. Sie wird als eine Ausdrucksform von Intelligenz und Freundlichkeit geschätzt, weshalb einfache Unterhaltungen über den Tee, den wir trinken, oder das Wetter keinesfalls als banal oder oberflächlich betrachtet werden. Beim Gespräch über so einfache Themen erhalten wir eine Vielzahl an Einblicken in unser Gegenüber.

Als Angehöriger zweier Kulturen stelle ich oft fest, dass die tibetische Herangehensweise an die Unterhaltung im interessanten Kontrast zur westlichen Art steht. Im Westen ist die Unterhaltung zuweilen synonym mit Direktheit – jedes Gesprächsthema muss einen Fakt oder einen Zweck zum Inhalt haben. Eine solche Direktheit teilt dem anderen nicht immer unbedingt viel mit. Doch gibt es auch Zeiten, in denen es angemessen ist, sich direkt und geradeheraus zu äußern.

Bei der Kunst der Unterhaltung geht es nicht darum, geziert oder spitzbübisch zu sein. Es geht nicht darum, mit Worten zu tricksen oder zu täuschen. Vielmehr bietet sie die Gelegenheit zu einem echten Austausch. In unserer modernen Gesellschaft ist die üblichste Gelegenheit für eine solche Unterhaltung gegeben, wenn sich zwei Menschen zu einem ersten Date treffen. Dann widmen wir uns dem Tanz des Gesprächs und bringen eine ungeheure Menge über unseren Partner in Erfahrung.

Als Laufsport betreibende Meditierende arbeiten wir in der

Phase des Tigers, des Schneelöwen und des Garudas vielleicht an der Technik von Achtsamkeit und Gewahrsein. Und führen unter Umständen zugleich eine Unterhaltung. Obwohl es für manche Läufe das Beste sein kann, wenn wir Schweigen bewahren, können andere der Pflege von zwischenmenschlicher Freundschaft und Kommunikation dienen. Dieser Ausdruck von Gemeinschaft und Geselligkeit bietet die Gelegenheit zur gemeinsamen Teilhabe an der grundlegenden Gutheit des Menschen.

39.
Der Friedenslauf

Im Herbst des Jahres 2006 weihte Seine Heiligkeit der Dalai-Lama den Großen Stupa des Dharmakaya in Colorado als Friedensmonument ein. Der Stupa ist im oberen Teil eines Tals beim Shambhala Mountain Center in der Nähe von Red Feather Lakes gelegen. Wir brauchten fünfzehn Jahre, um diesen heiligen Tempel zu errichten, wobei wir uns spezifischer traditioneller Vorgaben für den glockenförmigen Bau bedienten, der in seiner Form dem sitzenden Buddha nachgebildet ist und für Erleuchtung steht. Gekrönt ist der Stupa mit einer Sonne und einem Mond, die Weisheit und Mitgefühl symbolisieren. Täglich kommen dort Besucher aus allen Kulturen und Glaubensrichtungen an, und auch Gruppen von Kindern und älteren Menschen statten dem Großen Stupa einen Besuch ab.

Eines Tages kam mir der Gedanke, dass es doch passend wäre, einen Friedenslauf zu veranstalten, der beim Großen Stupa enden würde. Für diesen ersten Stupa-Friedenslauf fanden sich hundertfünfzig Läufer ein, manche von ihnen sehr fortgeschritten, andere gerade mal Anfänger. Dies war nicht nur ein Laufwettbewerb, viel mehr noch war es ein Abenteuer und eine Feier.

Ich war mir nicht sicher, ob ich an diesem Tag mitlaufen würde, da ich mich noch von einer Verletzung erholte. Aber am Morgen des Friedenslaufs fühlte ich mich besser, und er fand für einen guten Zweck statt. Also zog ich meine Laufschuhe an und schloss mich den anderen an. Jon Pratt und ein paar weitere hatten das Ereignis organisiert. Wir versammelten uns in Red Feather Lakes für zwei Läufe – einen Fünfkilometerlauf und einen Fünfzehnkilometerlauf.

Es berührte mich zu sehen, dass so viele Läufer sich um die Teilnahme bemüht hatten. Einige von ihnen hatten bei einem Workshop mit dem Titel »Running with the Mind of Meditation« mitgemacht. Der Friedenslauf zog eine einmalige Mischung von Leuten an – manche waren einfach nur wegen des Laufs gekommen, andere Läufer hatten mit dem Meditieren angefangen, und manche Meditation Praktizierende hatten mit dem Laufen begonnen.

Alle waren aufgeregt. Einigen Läufern stand eine besondere Herausforderung bevor, denn der Lauf begann in zweieinhalb Kilometer Höhe. Die Sonne schien. Ich ermunterte alle, auf sich aufzupassen und den Sinn und Zweck dieses Tages zu beachten – wir liefen ja für den Frieden.

Der Startschuss wurde abgefeuert, und der Lauf nahm seinen Anfang. Es war ein erstaunlicher Anblick, all diese Menschen durch das hochgelegene Terrain Colorados für den Frieden laufen zu sehen. Wir liefen durch wunderschöne Wiesen, über steiniges Gletschergeröll und hinunter in Richtung eines Flusses und setzten dann schließlich unseren Fuß auf das Gelände des Shambhala Mountain Center. Aus dem Tal nach oben zu kommen und diesen wunderschönen geheiligten Bau vor sich zu erblicken war eine fabelhafte Art, einen Laufwettbewerb zu beenden. Ich bat die Leute, den Stupa, so wie es üblich ist, im Gehen zu umrunden und nicht um ihn herumzurennen, was sich nicht schicken würde. Meine Frau Khandro Tseyang wartete dort, um die Preise zu überreichen. Sie legte allen einen *kata* um, den traditionellen weißen Schal, den die Tibeter als Geste der Freundschaft, des Segens und der Glückverheißung überreichen.

Es bewegte mich sehr, die Welten des Laufsports und der Meditation zusammenkommen zu sehen. Diese beiden sehr unterschiedlichen Gruppierungen, die ich so gut kennengelernt hatte, verkehren selten miteinander. Doch an diesem Tag kamen wir alle zusammen, um für den Frieden zu laufen, die Meditierenden und die Läufer.

40.
Das Windpferd

Das Laufen war für mich persönlich schon außerordentlich lohnenswert. Aber wirklich erfüllend wurde es erst dadurch, dass es mich in die Lage versetzte, anderen mit meiner Aktivität zu helfen. Nicht nur hat meine Begeisterung mich mit anderen Menschen in Verbindung treten lassen, ich konnte viele auch ermuntern, sowohl mit ihrem Körper als auch mit ihrem Geist zu arbeiten. Im größeren Umfang konnte ich durch das Marathonlaufen Spenden und Verdienst sammeln und Herzen für wohltätige Zwecke erwärmen, wobei ich zumeist für den Wiederaufbau des kulturellen und spirituellen Bildungswesens Tibets arbeitete. Anfänglich konzentrierte ich mich auf den Wiederaufbau des Klosters in der Surmang-Region in Osttibet, wo mein Vater Abt gewesen war und die dort ansässigen Leute inspiriert und unterstützt hatte. Dann begann ich auch andere humanitäre Projekte ins Leben zu rufen.

Als ich mit dem Laufen begann, dachte ich nicht daran, dass es zu karitativer Arbeit führen könnte. Aber das ergab sich dann ganz natürlich. Wenn wir fitter werden und mehr Zuversicht gewinnen, wollen wir dieses Gute mit anderen teilen. Es war erstaunlich mit anzusehen, wie ein individuell betriebener Sport wie das Laufen derart dienlich sein kann. In ihrer Mehrheit ermuntern die Laufwettbewerbe zum Geben in der einen oder anderen Form. Ich fühle mich vom Glück sehr begünstigt, dass ich Teil dieser Wohltätigkeitsarbeit sein kann, die ein deutliches Zeichen für den guten Willen der Menschen ist.

Das Laufen hat mir ermöglicht, mich mit der inhärenten Gutheit und mit dem naturgegebenen Gesundsein des Menschen zu verbinden. Ich glaube, dass dieses unbeschreibliche Gefühl von Gutheit für die Zukunft der Menschheit wesentlich ist, und dass wir eine auf unsere angeborene grundlegende Gutheit gegründete Gesellschaft aufbauen können. In der Shambhala-Tradition spricht man hier von der »erleuchteten Gesellschaft«. Sie basiert auf dem Entdecken der inhärenten Gutheit, das dem Herzen der Menschheit zugrunde liegt, auch wenn auf dem Globus schreckliche Dinge geschehen.

Durch das Laufen und Meditieren werden wir bessere Bürger dieser Welt. Unsere dankbare Wertschätzung, unsere Disziplin und Energie kommen einem sehr viel größeren Kreis zugute. Diese Qualitäten sind Nährstoff für das Windpferd, das Herz der letzten Trainingsphase. Das tibetische Wort dafür ist *lungta*. *Lung* bedeutet »Wind«, und *ta* heißt »Pferd«. Das Windpferd ist die Energie der Lebenskraft, die natürlich aufsteigt, wenn wir auf dem Pfad von Tiger, Schneelöwe, Garuda und Drachen trainieren. Der Wind steht für das vollständige Erwachen des menschlichen Geistes. Das Pferd steht für Zweckdienlichkeit, Erfolg und Geschwindigkeit.

In Tibet wird das *lungta* auf den Gebetsfahnen abgebildet. Dann werden die Fahnen hoch auf dem Berg aufgehängt, um dort im Wind zu flattern. Oft trägt dieses Windpferd ein Juwel auf seinem Rücken, das als wunscherfüllendes Juwel bekannt ist. Es steht für den erleuchteten Geist, der alles vermag. Er ist die Quelle des Glücks. Anderen zu helfen bringt das echte Glück. Von daher besteht diese letzte Trainingsphase darin, dass wir uns dazu entscheiden, etwas Positives für die Gesellschaft zu tun. Auf diese Weise kann der Geist des Laufsports mit der Welt geteilt werden. Die Aggressivität und das Tempo unserer Zeit steigern die Tendenz, den Mut zu verlieren. Was immer wir jedoch im Einzelnen tun können, um das Pendel in Richtung Gutheit und Verständnis ausschlagen zu lassen, ist hilfreich. Zum Beispiel schickt der Läufer und Schriftsteller Mike Sandrock, der die gemeinnützige Organisation One World Running leitet, Schuhe in unterentwickelte Länder.

Läufer sind im Allgemeinen optimistisch eingestellt, und diesen Optimismus braucht die Welt, da man uns allenthalben sagt, dass irgendetwas auf dem Globus schieflaufe oder gleich schiefgehen würde. Läufer wissen intuitiv, dass Erfolg durch Hingabe und harte Arbeit herbeigeführt werden kann: Wenn wir, als Menschheit, uns dem Aufbau einer besseren Welt verschreiben, dann ist das durchaus machbar. Das ist die Energie des Windpferds. Die Welt als Ganzes ist wie ein einziger Geist. Wenn dieser gewaltige Geist an sich selbst zu zweifeln beginnt und in Depression verfällt, ist unser gesamter Planet in Gefahr. Wenn aber das kollektive Weltgewissen eine Ethik des Optimismus und der Anstrengung entwickelt, haben wir wirklich eine Chance, uns aus unserer misslichen Lage herauszuholen, weil die Menschheit das Windpferd haben wird.

Meine Arbeit gibt mir die Gelegenheit, in der ganzen Welt umherzureisen. Jahr um Jahr beeindruckt mich die so offensichtliche Wechselbeziehung, die uns alle verbindet. Als ich im Kloster Namdroling in der Nähe des südindischen Bangalore zu studieren begann, wussten nur sehr wenige meiner nordamerikanischen Schüler, wo Bangalore liegt. Inzwischen laufen die Anrufe der gleichen Leute über die dortigen Callcenter.

Die Phase des Windpferds impliziert die Erkenntnis, dass wir alle über Gaben verfügen: Alle haben wir etwas anzubieten. Ob wir nun für die Umwelt, mit Kindern oder im Geschäftsleben arbeiten – alle diese Gaben schaffen Windpferdenergie: die Energie, die uns in die richtige Richtung bewegt. In diesen Zeiten zählt alles, was wir tun, ganz gleich, wie unbedeutend oder geringfügig es auch scheinen mag. Das ist nicht der Punkt. Der springende Punkt ist, dass wir alle optimistisch gesinnt und engagiert sind. Auf diese Weise bringt unsere Aktivität nicht nur anderen Nutzen, sie ist auch persönlich befriedigend und führt zu Zufriedenheit und Glück. *Das* ist für beide Seiten ein Gewinn.

Windpferdkontemplation: Grundlegende Gutheit

Ein bekannter Spruch im Zusammenhang mit der Meditation lautet, dass wir vollkommen sind, aber einer leicht veränderten Einstellung bedürfen. Diese leicht veränderte Einstellung bedeutet im Kern, dass wir Vertrauen in unsere grundlegende Gutheit haben.

Beim Windpferd kontemplieren wir unsere grundlegende Gutheit. Wenn sich alle Pläne, Sorgen und das Tempo auflösen und wir einfach nur dasitzen und ein tiefes Gefühl von Raum und Wohlbefinden haben, dann ruhen wir im unbeschreiblichen Gefühl, grundlegend gut zu sein. »Grundlegend« insofern, als dies unsere grundlegende Natur ist. Und »gut« in dem Sinne, dass wir vollständig, intakt und ganz sind.

Zum Erstaunlichsten am Menschsein zählt, dass wir uns mit dieser lange vergessenen uns innewohnenden Gutheit verbinden können. Dieses Gefühl von Gutheit wahrzunehmen hat etwas sehr Kraftvolles: Wir empfinden im innersten Wesen Zuversicht und Mut. Schon ein paar Augenblicke zu sitzen und dies zu fühlen ist heilsam. Wenn wir sie in uns selbst gespürt und gefühlt haben, nehmen wir sie allmählich in allem und jedem wahr. Wir können sie in einem kleinen Kind erkennen. Wir sehen es in einem alten Menschen. Wir werden sie in einem wunderschönen Berg ausmachen. Wir können sie spüren, wenn wir jemanden umarmen.

Die Botschaft dieses Buchs über das Laufen mit meditativem Geist besteht zum Teil auch darin, dass wir Spiritualität und Alltagsleben nicht mehr voneinander trennen können. Ganz gleich, was wir tun, wir haben die Fähigkeit, wach zu sein und unserem Potenzial zu entsprechen. Wir können mit dieser Energie der grundlegenden Gutheit unseren Laufsport betreiben. Wenn wir sie fühlen, werden wir kraftvoller laufen – und vielleicht sogar schneller –, mit Sicherheit aber werden wir uns besser fühlen. Grundlegende Gutheit ist das wunscherfüllende Juwel.

Epilog

In einem Zeitraum von sechs Jahren bin ich neun Marathons und einen Halbmarathon gelaufen. In dieser Zeit habe ich viel über Laufwettbewerbe gelernt.

Der Toronto-Marathon war mein erster. Es war kalt, und mein Hauptziel bestand darin, es bis zum Ende zu schaffen. Es war eine herausfordernde und lohnenswerte Erfahrung für mich, denn ich war noch nie zuvor eine so lange Strecke gelaufen. Der nächste Marathon war der Big-Sur-Marathon, der an den Küstenhügeln von Kaliforniens Highway 1 entlangführt. Es war ein wunderschöner Tag, ich lief gut und absolvierte den Lauf in drei Stunden und einundzwanzig Minuten.

Der nachfolgende war der Edmonton-Centennial-Marathon – einer meiner besten. Ich musste ihn laufen, um mich für den Boston-Marathon zu qualifizieren, und lief ihn in einer Zeit von drei Stunden und neun Minuten. Danach lief ich den Miami-Halbmarathon als Training für den bevorstehenden Boston-Marathon. Dort durch eine so kenntnisreiche und begeisterte Menschenmenge zu laufen war eine erstaunliche Erfahrung.

Danach lief ich den New-York-City-Marathon, der durch alle fünf Stadtbezirke führt. Es war, als liefe man durch fünf verschiedene Länder. Als wir über die Brooklyn Bridge liefen, schrie jemand laut: »Was ist da los?« Und ein anderer antwortete: »Die Brücke ist ins Schwanken geraten!« Es ist die größte Belastung, der die Brücke im ganzen Jahr ausgesetzt ist. Als wir in die Fifth Avenue einbogen und das Getöse der Menge hörten, gab uns das ziemlichen Auftrieb.

Als Nächstes lief ich den Vermont-City-Marathon in Burlington, bei dem ungewöhnlich warmes Wetter herrschte. Im selben Jahr nahm ich auch am Chicago-Marathon teil, bei dem ich meine Bestzeit lief: drei Stunden und fünf Minuten. Im Jahr darauf lief ich den Chicago-Marathon noch einmal. Als wir am Thermometer vorbeikamen, zeigte es bereits fünfunddreißig Grad Celsius an. Wir konnten den Lauf beenden, aber dieser berüchtigte Marathon wurde nach dreieinhalb Stunden abgebrochen. Mein letzter Marathon fand im schönen Napa Valley statt.

Bei all diesen Laufwettbewerben lernte ich eine Menge. Sie waren für sich genommen auch insofern hilfreich, als sie mich auf mein Training konzentriert bleiben ließen. Bei den meisten Läufen konnte ich die zweite Streckenhälfte schneller laufen als die erste, also den sogenannten negativen Split machen. Obwohl die Energie bei Marathonläufen unglaublich hoch ist, versuchte ich, mich nicht davon mitreißen oder von meiner geplanten Laufstrategie abbringen zu lassen: erstens den Lauf zu beenden, zweitens den Lauf zu genießen und drittens eine gute Zeit zu laufen. Viele Leute, die kamen, um mich anzufeuern, waren noch nie zuvor bei einer solchen Laufveranstaltung dabei gewesen. In vielen Städten wurde ich von den lokalen Medien um Interviews gebeten. Die Leute schienen von einem marathonlaufenden tibetischen Lama fasziniert zu sein.

Bei all diesen Marathons lief ich für einen wohltätigen Zweck, weshalb es mir wichtig war, einen jeden bis zum Ende durchzuhalten. Als ich schließlich in beständig guter Form war, wollte ich einen Drei-Stunden-Marathon laufen. Doch im Allgemeinen ging es mir bei all diesen Läufen um eine größere Sache.

Wenn man an einem Marathon teilnimmt, macht die Vielfalt der Läufer deutlich, wie allgemein verbreitet das Laufen ist – man sieht Leute allen Alters und jeglicher Gestalt und Größe. Hingabe, Freude und Schmerz vereinen uns alle. Dafür, dass das Laufen ein Individualsport ist, erzeugt es eine machtvolle Synergie.

Freiheit

Quälerisch, muskelbebend,
Setze ich einen Fuß vor den andern.
Ich bin ein Läufer –
Eine größere Freude gibt es nicht in den drei Welten.
Wenn der Blitzschlag auf die Erde trifft,
Ist das der kosmische Schritt,
Dann werden Herz und Lungen in meine Hände gelegt.
Das Leben hängt vom Atmen und Fühlen ab.

Welch Elektrizität kommt hervor
Im Schweiß, den ich im Munde fühle,
Inspiration, die mich
Unglauben, Trägheit, Tagträumerei queren lässt.
Wenn ich atme, ziehen all diese Fallwinde
Als sich aufbauschende Wolken vorbei,
Geschaut von einem Boot, das lossegelte
Über die Wasser von Verwirrtheit, Sommer und Zeit.

Einzelheiten sind wichtig auf dieser irdischen Reise.
Ich schmecke den süßen Duft von Wasser mit seinen acht Qualitäten,
Und achte dieses Geschenk an meinen menschlichen Körper.
Ich schwelge darin, Zeit und Raum zu haben fürs Laufen unter den Göttern.

Wenn ich laufe, werde ich einer dieser Götter ohne Grenzen –
Reine Freude ist meine Wasserflasche.
Das höchste Elixier, mein Goo-ru, hält mich in Gang.*
Diese unentbehrliche Inspiration schickt mich
Mit dem Trippel-Trappel von Drala-Füßen über den ganzen Planeten.

Welchen bhumi kann ich nicht erlangen?
Meine auf den Pfad gesetzten Füße schicken Wellen durchs Universum.
Und so atme ich beim Einatmen alles ein,
Was verwirrt, degeneriert und unglücklich ist.
Wenn ich ausatme, schnellt mein Knie in die Höhe,
Meine Achillesferse ist kraftvoll, unverletzlich.
So springe ich mit der Energie des Überraschungsmoments
In diese neue Dimension, die nur von der geschwinden Bewegung
von Herz, Füßen und Geist erblickt werden kann.
Möge diese unglaubliche Erfahrung von Bewegung
Die Quelle allen Glückes sein.

Sakyong Mipham
Singapur, 2005

*Goo (gesprochen »Gu«) ist das stark kohlehydrathaltige Gel, das Läufer zur Aufrechterhaltung ihrer Energie zu sich nehmen.

Dank

Ich möchte gern vielen meine Anerkennung und meinen Dank aussprechen, die mich auf meinem Pfad, meiner Reise des Laufens, begleitet haben. Für ihre Fröhlichkeit, Unterstützung und Freundschaft: Tarah (Misty) Cech, Jon Pratt, Eric Cech, Nick Trautz, Barry Gruessner und Mike Sandrock. Für ihre Begleitung bei vielen wunderbaren Läufen: Kyle Schaffhauser, Ben Medrano, Justin Robbins, Josh Silberstein, Mark Whaley, Christoph Schönherr, James Thorpe, Greg Wolk, Sean Raggett, Ralph Moosbrugger, Michael Fraund, Amy Conway, Glenn Austin und Alan Goldstein. Für ihre Körperarbeit: Craig Mollins, Jim Asher, Jim Pascucci, Wells Christie, Tom Pathe, Ron Thompson, Mariah Simonton, Elaine Wong und Peter Goodman. Für ihre Fürsorge: Dr. Mitchell Levy und Dr. Aaron Snyder. Für ihre Großzügigkeit: Michael und Jeanine Greenleaf, Nicolette de Hoop, Koos de Boer und Radhe Shyam Saraf. Für ihre Unterstützung: H. E. Namkha Drimed Rinpoche und der Ripa-Familie. Für ihre Dienste: den Dorje Kasung und den Dorje Kusung.

Mein Dank geht auch an Emily Hilburn Sell für ihre beständige Ermunterung und Unterstützung und an Reid Boates für seinen Enthusiasmus.

Aktuelle Informationen zu Sakyong Mipham und seinen Belehrungen unter www.sakyong.com.

Weitere Informationen zu *Running with the Mind of Meditation* unter www.runningmind.org.

Weitere Informationen über die Shambhala-Tradition des Kriegers unter www.shambhala.org.

Zum Autor

Sakyong Mipham ist der geistige Führer von Shambhala, einer weltweiten Gemeinschaft von Meditations-Retreat-Zentren, die sich auf die Erkenntnis der grundlegenden Gutheit und der Verwirklichung einer erleuchteten Gesellschaft durch das Alltagsleben gründet. Er ist auch ein leidenschaftlicher Läufer, der neun Marathons absolviert hat. Die Zeitschrift Planet bezeichnete ihn als einen »globalen Visionär«. Er ist der Autor des Bestsellers *Wie der weite Raum* (Originaltitel Turning the Mind into an Ally) und des preisgekrönten Buchs *Den Alltag erleuchten. Die vier buddhistischen Königswege* (Originaltitel Ruling Your World). Sakyong Mipham gibt auf der ganzen Welt Belehrungen, wobei er sich seiner einzigartigen Mischung von östlichen und westlichen Sichtweisen bedient, um seinen Schülern und Schülerinnen in Nord- und Südamerika, Europa und Asien von Nutzen zu sein.

Der mühelose Weg zur Meditation

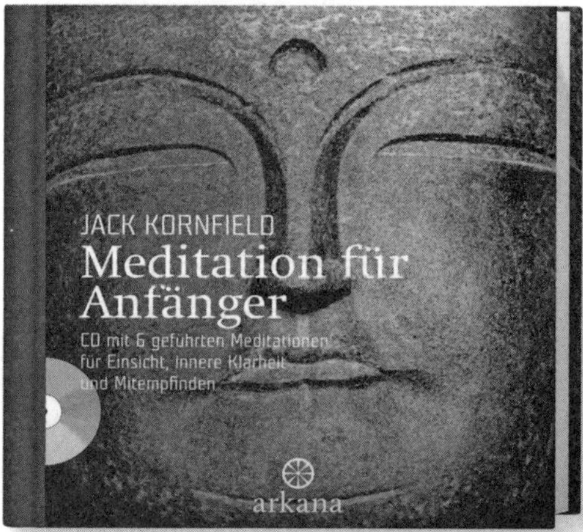

128 Seiten. ISBN 978-3-442-33733-0
Mit 6 geführten Meditationen auf CD

In humorvoller, mitfühlender Weise führt Jack Kornfield in die Meditation ein. Durch die praktische Kombination aus Buch und Meditations-CD lernen wir Schritt für Schritt, innere Klarheit und Gelassenheit zu entwickeln.

arkana